法国大革命时期的战俘

宋　帅　著

山东大学出版社
SHANDONG UNIVERSITY PRESS
·济南·

图书在版编目(CIP)数据

法国大革命时期的战俘 / 宋帅著. —济南:山东大学出版社,2022.6
ISBN 978-7-5607-7528-9

Ⅰ. ①法… Ⅱ. ①宋… Ⅲ. ①战俘问题—研究—法国—18 世纪 Ⅳ. ①D995

中国版本图书馆 CIP 数据核字(2022)第 086988 号

策划编辑 刘森文
责任编辑 楚洋洋
文案编辑 肖世伟
封面设计 王秋忆

出版发行 山东大学出版社
社　　址 山东省济南市山大南路 20 号
邮政编码 250100
发行热线 (0531)88363008
经　　销 新华书店
印　　刷 济南新科印务有限公司
规　　格 720 毫米×1000 毫米 1/16
　　　　 11.5 印张 133 千字
版　　次 2022 年 6 月第 1 版
印　　次 2022 年 6 月第 1 次印刷
定　　价 42.00 元

目　录

绪　论

外国人与法国大革命的关系，是法国大革命史研究中值得关注的问题，也是在全球史与跨国史视角下研究法国大革命的一个重要领域。战俘作为法国大革命期间颇具代表性的外国人群体，他们从国外跨境而来，主动或者被迫地生活在法国，接受法国大革命价值观的洗礼和改造。然而，学界对战俘群体的研究却不多，以至于当有学者试图讨论他们时，几乎总是引用几本仅有的著作。在 20 世纪很长的一段时间内，只有让-雷内·艾姆斯(Jean-René Aymes)的《第一帝国时期的驱逐：在法国的西班牙人(1808～1814)》[①]可以为学界研究 18 世纪末 19 世纪初法国的战俘问题提供帮助。这本专著出版于 1983 年，以作者于 1978 年 10 月在巴黎第四大学(巴黎索邦大学，Université Paris-Sorbonne Paris IV)完成的博士学位论文为蓝本。30 多年过去后，直到 21 世纪前十年，这本著作仍然是学

① Jean-René Aymes, *La déportation sous le premier Empire: les Espagnols en France (1808-1814)*, préface de Jean Tulard, Paris: Publications de la Sorbonne, 1983.

人研究法国大革命及第一帝国时期战俘问题的最好参考，也可能是唯一的参考。

艾姆斯的著作，读起来不像学术论文，而更像是一部让人手不释卷的小说。作者以扎实的历史研究方法为基础，以一种文学家的写作方式完成了一部历史学著作。作者研究了西班牙战俘在法兰西第一帝国时期的生活情况和工作表现，探究了法国政府管理战俘的组织机构，认为拿破仑一世试图把对战俘的管理与改造打造为展现法国资产阶级革命成果的模板。但是，与专著标题所表现的不同，艾姆斯并不满足于只研究身在法国的西班牙战俘，他的研究对象其实涉及所有在法国大革命及拿破仑一世统治期间以自愿或者非自愿的形式前往法国的西班牙人。除此之外，他的研究对象也包含被法国军队扣押的人质。因此，研究对象的多样化影响了作者对战俘的聚焦。

在艾姆斯的著作出版 30 年后，随着信息化手段更多地被运用，史学研究方式迎来变革，随之而来的是更多的第一手史料被挖掘，法国大革命时期的外国士兵重新走进学人的视野。

西班牙学者专注于整理和出版战俘自己所写的文字。2008 年，玛丽亚·佐扎亚·蒙特斯(María Zozaya Montes)出版了被俘的西班牙工程兵何塞·玛丽亚·罗曼(José María Román)的日记。[①] 蒙特斯通过战俘的第一视角，凝视一名工程兵在法国的实际生活，得到与以往学界在研究法国大革命时期的外国人群体时相对不同的结论。通常，学人多从政策研究角度出发，普遍认为外国人

---

① Transcripción y edición anotada por María Zozaya Montes, *Viaje y prisión del ingeniero militar, José María Román durante la querra de la independencia (1808-1814)*, Madrid: Sociedad Estatal de Conmemoraciones Culturales, 2008.

在法国大革命期间遭受排斥和迫害。然而，蒙特斯透过战俘的经历，认为外国人在法国大革命时期依然可以得到一定的生活保障，庙堂之上的排外政策没有影响到战俘的实际生活。此外，蒙特斯通过分析战俘的日记，从侧面介绍了大革命中的巴黎，以及18世纪末19世纪初法国的经济与科技情况。

有关法国大革命时期外国战俘研究的既有成果，还可以从军事历史学著作中去找寻和挖掘。研究18世纪军事战争史的学者同样关注到战俘问题。通过对军事历史学著作的深入研究，可以找到并且分析其中关于战俘的部分，这是一种较为全面地了解学界在该领域既有研究成果的方式。

军事史专家安德烈·科维西耶(André Corvisier)在《1494～1789年的欧洲军队与社会》①一书中详述了军队和国家的关系，分析了军人在中世纪和旧制度时期的地位以及欧洲军事管理制度的发展历程，提出"军事社会"的概念。科维西耶认为，法国大革命引发的民族战争使军队与社会之间的联系变得牢固，但这一牢固关系仍然只是暂时的。欧洲广泛的几乎无所不在的社会军事化，需要等到1914年才得以正式建立。科维西耶研究了战俘交换的历史，认为交战双方由于害怕不能提供赎金的战俘被对方杀害，因此致力于开展各种形式的战俘交换。随着王国军队的建立，欧洲各国政府开始干预有关战俘交换的谈判，最终创造出一种被称为"卡特尔"(Cartel)的战俘交换制度。作者认为，欧洲军队中保留了骑士制度强加在军官和士兵身上的纪律，包括禁止杀害受伤或手无寸铁的敌

① André Corvisier, *Armées et Sociétés en Europe de 1494 à 1789*, Paris: PUF l'historien, Press Universitaire de France, 1976.

兵，善待战俘和遵守约定的投降条件。因此，18 世纪欧洲国家间的冲突在人道主义方面取得了进步。科维西耶的研究，有利于更好地理解西欧各国处理战俘问题时所考量的共同文化传统。

两次世界大战后，学界开始总结战争的经验和教训，对战争中的人道主义和战俘待遇进行了重新阐释。夏尔·卢梭（Charles Rousseau）的《武装冲突法》（*Le Droit des Conflits Armés*）总结了武装冲突中交战各方应遵守的战争原则，梳理了战俘问题的历史演变。[①] 夏尔·卢梭认为，现代意义上的战俘概念在 17 世纪末才出现，并经孟德斯鸠（Montesquie）和让-雅克·卢梭（Jean-Jacques Rousseau）从理论上加以论证。战争法给予交战各方对待战俘的唯一特权是阻止他们继续参战。在夏尔·卢梭看来，有关战俘的法律在较长时期内都属于习惯法，法国在 1792 年 5 月 4 日颁布的有关战俘的法律是最早关注到战俘问题的文件之一。该法律把战俘置于法国政府的保护之下，并制止官兵对战俘的虐待和杀害。作者主要是从法学的角度论证交战各方对战俘的义务，并认为法国大革命是战俘待遇不断得到改善的转折点。然而，作者没有对这一论断的得出展开详述，也没有探讨战俘的具体待遇和实际生活。这为我们留下了从历史学角度来研究这一问题的空间。

哈里·西德博特姆（Harry Sidebottom）的《古代战争与西方战争文化》[②]一书，将西方战争文化看作一种强烈的意识形态。作者认为，西方自古希腊和古罗马时期就形成了“一旦战败，就应认命”

---

① 参见[法]夏尔·卢梭：《武装冲突法》，张凝、辜勤华、陈洪武、童新潮译，中国对外翻译出版公司 1987 年版。

② Harry Sidebottom, *Ancient Warfare: A Very Short Introduction*, Oxford: Oxford University Press, 2004.

的观点，因此欧洲人并不以投降为耻，并在此基础上形成了保留敌人生命权的传统。但是，这种西方战争文化不适用于异教徒，欧洲人在战役结束后会立刻杀害被俘虏的蛮族人。西德博特姆认为，以西方战争文化为原则的意识形态在整个18世纪一直存在，并在法国大革命时期的各国军队中达到顶峰。

马丁·范克勒维尔德（Martin van Creveld）的《战争的文化》[①]从军事史的角度，对战争中的文化因素进行了梳理。作者分析了欧洲在过去几百年间对待战俘的政策和措施，透过战俘窥视不同国家在不同历史时期的战争观念。在他看来，保护战俘是各方必须遵守的战争规则之一。范克勒维尔德超越了从人道主义和价值观去分析战俘问题的模式，认为战俘通常都有经济价值，无论是作为劳力还是换取赎金。他认为，战俘之所以在18世纪不再被视作奴隶，是受到以自由企业为基础的经济模式的影响。由于奴隶制被认为缺乏效率，因此尽管各国仍然继续使用战俘充当劳力，却再也不把他们变为奴隶。

近年来，全球史与跨国史已经形成一股潮流，逐渐开始引领法国大革命史学研究。学者们跨越从政治、经济、法律等角度解释法国大革命的叙事框架，开始关注外国人等法国历史上的“局外人”，甚至是外国战俘等法国大革命政治舞台上的“失语群体”。[②] 然而，学界在全球史与跨国史视野下对法国大革命的研究主要侧重从全球经济的发展、殖民地与法国本土的互动、帝国间的全球战争、跨国

---

① Martin van Creveld, *The Culture of War*, New York: Ballantine Books, 2008.

② 参见［日］入江昭：《全球史与跨国史：过去，现在和未来》，邢承吉、滕凯炜译，浙江大学出版社2018年版，第4页。

启蒙运动等角度探讨革命的起源以及发展动力问题[①]，对于外国民众与法国大革命进程之间相互关系的关注仍显匮乏。特别是对于曾经持有武器对抗法国大革命的外国战俘，学人的研究总体而言还相对薄弱，研究人员的数量还相对偏少，所用史料还相对单一。在研究方法上，多以比较研究为主，对于单一跨国性群体的专题研究仍不深入。

事实上，战俘本身即是跨国史理论用于实践的一个天然对象。首先，从群体角度来看，战俘营内部按照国籍和原所属部队自动进行划分，形成特定的小组织，并具有属于该组织空间内部的固定秩序和等级架构。其次，从政治角度来看，外国战俘的命运受到大革命时期法国政治派别变化和不同统治政策的影响。同时，战俘自身的所作所为也影响着法国政府对外国人的态度，换句话说，法国政府在国家和民族建设的过程中，与外国战俘之间形成控制与反控制的关系。最后，从社会角度分析，战俘生活在法国，不可避免地与当地人进行交流。在潜移默化中，战俘被法国的革命价值观影响，又在被释放回国后或多或少地影响了自己的同胞，促进了本国的民族主义进程。可以说，研究外国战俘，具备利用跨国史理论进行历史学研究的三要素，即“群体、政治、社会”。[②]

之所以学界对法国大革命时期的战俘研究较少，主要原因在于对相关史料的发掘还不够。长期以来，研究法国大革命战争的著作汗牛充栋，但是战俘群体却被忽视。这并不是由于该领域缺乏研究价值，而是由于学人较少触及相关史料。无论是在法国国家图书馆

---

① 参见庞冠群：《全球史与跨国史：法国革命研究的新动向》，《史学理论研究》2017年第1期。

② Pierre-Yves Saunier, *Transnational History*, New York: Red Globe Press, 2013, p. 2.

(Bibliothèque nationale de France),还是在法国国防历史档案馆(Service Historique de la Défense),抑或是在各省、各市镇的档案馆中,都没有保存太多关于战俘的史料。在大革命战争中与法国交战的欧洲国家的档案馆中,如奥地利国家档案馆(österreichisches Staatsarchiv)、西班牙阿尔瓦罗·德·巴赞海军总档案馆(Archivo General de la Marina álvaro de Bazán)、塞戈维亚军事总档案馆(Archivo General Militar de Segovia),所藏有关战俘的资料也是寥寥无几。只有在法国国家档案馆(Archives nationales),特别是其位于巴黎郊区塞纳河畔皮埃尔菲特镇(Pierrefitte-sur-Seine)的分馆中,保存有关于外国战俘的大量史料。这些史料或被隐藏于记录法国大革命战争事件的史料中,或被档案馆管理人员分门别类地进行专题归纳。其中,最突出的是关于西班牙战俘的史料。这些文件数量很多,以至于法国国家档案馆的工作人员专门编制了针对西班牙战俘的史料系列。

本书的写作还参考了西班牙战俘狄奥尼西奥·德·拉斯·卡吉加斯(Dionisio de las Cagigas)在被俘期间所写的大量信件,内容几乎囊括他在法国生活的方方面面。这些史料默默地记录了狄奥尼西奥一生中最值得纪念的事,包括他作为军人血战到底的荣耀,也包括他的被俘,以及他在获释后向同胞讲述革命法国所显现出的新气象。更有价值的是,这些史料不同于《议会档案》(*Archives parlementaires*)等记述议会讨论和政策出台的官方文献,是一名普通战俘对亲人、朋友的一诉衷肠,是真实、生动、鲜活、脱离行政术语的材料。这些书信不仅告诉我们狄奥尼西奥是如何生活的,还告诉我们战俘在18世纪末、在法国大革命中最排斥外国人的恐怖时期是如何生活的。更重要的是,这是从一个外国人的视角告诉我们处在大革命旋涡中的法国正在发生的事。

有了这些来自18世纪末的数量充足且内容详细的第一手文献，学人可以着手从事一些以前受困于史料匮乏而很难深入的研究。例如，以更低的视角观察外国战俘在大革命时期的实际生活与命运变迁，为“非大事件”史学研究提供一点参考。

第一章　旧制度时期西欧各国对待战俘的传统

如果不在研究法国大革命时期的战俘之前把研究对象置于西欧这个“大范围”和延长到法国旧制度时期这个“长时段”，就无法对比展现法国大革命对外国战俘的影响。换句话说，要讨论法国革命政府相较于王朝时代和反法同盟国在战俘处置方面的不同，以及“共和同化原则”①如何在法国大革命中发轫并作用于外国战俘，进而给他们带来与以往战俘的被俘生涯完全不同的生存体验和精神影响，必须先梳理西欧各国对待战俘的文化和传统。

英国历史学家哈里·西德博特姆提出：战争是区分此文化和彼文化的重要因素之一，欧洲自古希腊和古罗马时期就创造出一种既

① 中国学者马胜利提到过一个被称作“共和同化原则”的概念，即“法国人从大革命起便树立起一种理想观念：在统一和不可分割的共和国中，所有人都享有平等地位，国家对公民一视同仁。在这种观念指导下，法国把自己变成一个‘大熔炉’，所有外来移民都应当放弃自己原来的语言、文化和宗教，接受共和国的同化，以便成为法国公民”。参见马胜利：《“共和同化原则”面临挑战——法国移民问题》，《欧洲研究》2003年第3期。

不同于更早的民族也不同于当时其他民族的战争方式，这种战争方式被现代学者构建为"西方式战争"。[1] 法国、普鲁士、英国、奥地利、西班牙，几乎所有参加了 18 世纪末法国大革命战争的国家，都在一定程度上受到西方式战争文化的影响。

与古代东方提倡"勇不逃死"[2]"死且不朽"[3]不同，自古典时代起西方就认为军人有选择成为战俘的自由。西德博特姆强调心理因素对战斗胜败的重要作用，认为西方自古罗马时期就产生了"一旦战败，就应认命"的观念。[4] 这种观念同样存在于中世纪的著作中。托马斯·霍布斯（Thomas Hobbes）在《利维坦》（*Leviathan*）中为军人投降的权利辩护，认为当一个人被俘虏时，由于他必须服从敌人才能保全生命，所以他有选择投降的自由。[5]

然而，战败者并非都能得到胜利者的宽悯，西方式战争中依然充斥着对战俘的虐杀。矗立在罗马的马克·奥勒留（Marcus Aurelius）纪念柱上的浮雕，呈现出古罗马人对待战俘的残酷："当一被俘虏的蛮族人跪倒在地，等待着罗马士兵前来杀戮……两个蛮族战俘的手被罗马士兵捆在背后，低头弯腰，即将被处决。在他们身

① 参见[英]哈里·西德博特姆：《古代战争与西方战争文化》，"前言"第 XVIII～XIV 页。

② （战国）左丘明著，（三国吴）韦昭注，胡文波校点：《国语》卷八《晋语二》，上海古籍出版社 2015 年版，第 192 页。

③ （战国）左丘明传，（晋）杜预注，（唐）孔颖达正义，蒲卫忠、龚抗云、于振波整理，胡遂、陈咏明、杨向奎审定：《春秋左传正义》卷十七、卷二十，北京大学出版社 1999 年版，第 476、713 页。

④ Harry Sidebottom, *Ancient Warfare: A Very Short Introduction*, Preface, pp. ix-x.

⑤ Thomas Hobbes, *Léviathan*, traduit du latin en français et annoté par François Tricaud et Martin Pécharman, Ouvrage traduit et publié avec le concours du Centre national du livre, Paris: Librairie Philosophique J. VRIN et Éditions Dalloz, 2004, pp. 176, 222.

旁，是两个已经被处死的人，他们的头颅就在尸体堆旁边。在两名蛮族战俘的旁边，更多的战俘在等待死亡的来临。虽然画面中的监斩官是一些罗马士兵，但执行斩首和被斩首的人都是蛮族战俘。罗马人强迫他们相互残杀。”①

不仅在古典时代，法国旧制度时期的战争中也依然充斥着对战俘的屠杀。安德烈·科维西耶认为，暴力和野蛮行为在宗教战争后再次抬头，并在三十年战争中达到顶峰。他认为，当时普遍存在一种残酷的战争氛围，到处都有吸引大批民众观看的公开处决，人们不会像今天一样排斥血腥的场面。在路易十四(Louis XIV)统治时期，塞维涅夫人(Madame de Sévigné)亲笔描述了镇压西部抗税运动的法军士兵把小孩子残忍地插在马刀上。在大屠杀中，受害者的尸体被拖到大街上，被扔进塞纳河里。不过，民众非但没有谴责施暴者的行为，反而为他们鼓掌以示支持。②

战争中的暴行引起学者们的反思。胡果·格劳秀斯(Hugo Grotius)从法学的角度对战俘和胜利者的权利与义务进行了规范。他认为，基督教国家间战争中的战俘不应再被视作奴隶，胜利者不应当杀害或者虐待战俘。③ 然而，如同罗马人杀戮的战俘多来自“蛮族”一样，格劳秀斯保护战俘生命权的论述仅适用于基督徒，这就意味着欧洲各国在对待不同宗教信仰和种族出身的战俘时，会采用不同的规则。正如马丁·范克勒维尔德所言，“法国、英国、佛兰

① Harry Sidebottom, *Ancient Warfare: A Very Short Introduction*, p. 122.

② André Corvisier, *Armées et Sociétés en Europe de 1494 à 1789*, pp. 14-15.

③ Hugo Grotius, *The Rights of War and Peace*, *Natural Law and Enlightenment Classics*, edited by Kund Haakonssen, Book III, edited and with an Introduction by Richard Tuck, from the edition by Jean Barbeyrac, Indianapolis: Liberty Fund, 2005, p. 1371.

德和德国士兵在相互作战时对待战俘是一种做法；在与爱尔兰人、威尔士人、苏格兰人或东方的斯拉夫人等民族作战时，通常又采取另一种完全不同的做法，他们会变得肆无忌惮，成为真正的穷凶极恶之徒”①。然而，在中世纪，除了与异教徒的战争，西欧各国之间的战争更加频繁。例如，对于西班牙来说，它的主要对手是法国，俘虏的士兵也多来源于此(见图 1-1)。西欧国家间频繁的战争，客观上同样促使西欧各国在“报复与反报复”中形成处置战俘的共同方式。

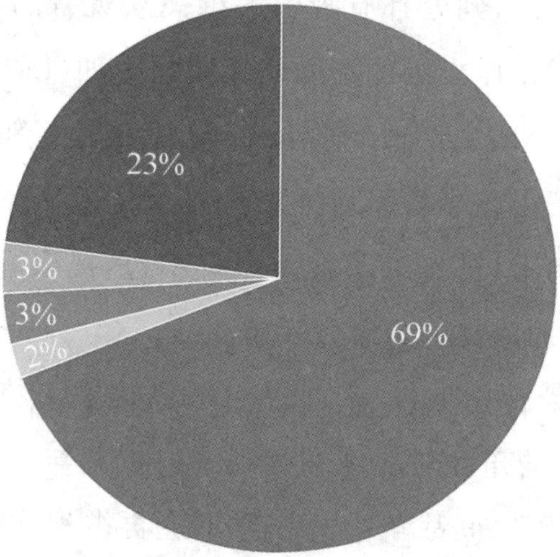

图 1-1　1488～1625 年西班牙的战俘来源国

说明：西班牙军队中 69%的战俘来自法国，23%来自葡萄牙，3%来自英国，2%来自荷兰，3%来自其他地区。

资料来源：Antonio José Rodríguez Hernández, “Los prisioneros de guerra en la Monarquía Hispánica del siglo XVII: una aproximación”, *Revista Universitaria de Historia Militar*, Vol. 9, No. 18, 2020, pp. 17-42。

---

① Martin Van Creveld, *The Culture of War*, p. 132.

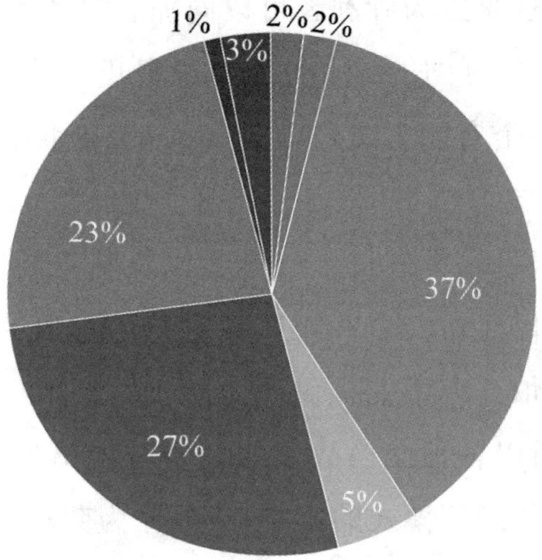

图 1-2　1488～1625 年西班牙军队中战俘的被俘地区和国家

说明：西班牙军队中的战俘 37％被俘于佛兰德（Flanders），27％被俘于加泰罗尼亚（Catalonia），23％被俘于葡萄牙，5％被俘于意大利，3％被俘于地中海沿岸，2％被俘于太平洋沿岸，2％被俘于美洲，1％被俘于北非。

资料来源：Antonio José Rodríguez Hernández："Los prisioneros de guerra en la Monarquía Hispánica del siglo XVII：una aproximación", in *Revista Universitaria de Historia Militar*, Vol. 9, No. 18, 2020, pp. 17-42。

不过，直到 17 世纪上半叶，格劳秀斯也只能从道义上呼吁基督徒善待战俘。是否宽待战俘，依然完全由俘虏他们的军队决定。这是因为，在中世纪战俘是领主的个人财产，被俘虏士兵的命运完全由俘虏他们的人决定。换句话说，如果被俘虏的是普通士兵，他们由于缺乏真正的经济价值，往往会迎来较为可怕的命运；如果被俘虏的是贵族或者骑士，由于他们身世显赫或者家财丰厚，所以他们通常会得到较好的照料，直到俘虏他们的胜利者收到一笔满意的赎金。范克勒维尔德认为，骑士之间经常相互宽恕，对下层阶级的宽恕却少之又少。这是因为胜利者可以向拥有财产的骑士索要赎金，面对其他人却无利可图。[①] 科维西耶说得更为直接："在17世纪初，除非战俘是一个有能力支付赎金的人，否则我们只能为被俘虏的人祈祷。"[②]

随着经济的发展、军事技术的进步以及骑士制度的衰落，经济考量成为保障战俘生命安全和被体面对待的重要因素。由于雇佣军首领和国王害怕己方不能提供赎金的士兵被对方杀害而增加再次募兵的费用，所以各种交换战俘的谈判开始出现。同时，受到以手工作坊为基础的经济模式的影响，战俘作为劳动力的价值开始凸显。此时战俘已经成为利于交战各方在战后谈判和经济重建中占据有利位置的外交资产，他们的价值日益增加。

三十年战争可以看作战俘待遇的转折点。战后各国签订的《威斯特伐利亚和约》(*Peace of Westphalia*)明文规定战俘不应被杀害或被奴役。[③] 这从国际条约的层面为18世纪战俘待遇的明显改善铺平了道路。17世纪下半叶，西班牙处置战俘的方式直观反映了《威斯特伐利亚和约》带来的影响。1666年，西班牙加利西亚(Galicia)地区的军队释放了在一次小规模战争中被俘的大多数伤者，因为他们意识到这些战俘需要得到医治。[④] 更多的战俘则是被囚禁在战俘营中以备交换，他们可以得到基本的医疗保障，还可以

① Martin Van Creveld, *The Culture of War*, p. 136.

② Andre Corvisier, *Les hommes, la Guerre et la mort*, Paris: Economica, 1985, p. 218.

③ 参见朱路:《论国际法中战俘制度的发展及其当代挑战》,《法学评论》2014年第2期。

④ Antonio José Rodríguez Hernández, "Los prisioneros de guerra en la Monarquía Hispánica del siglo XVII: una aproximación", *Revista Universitaria de Historia Militar*, Vol. 9, No. 18, 2020, pp. 17-42.

按照军衔每日得到不同数额的生活费和面包。1662 年，加利西亚军队在一次战争中俘虏了 240 名葡萄牙人，加利西亚政府按照上尉每日 3 雷亚尔、少尉每日 2 雷亚尔、普通士兵每日 1 雷亚尔铜币的标准，向战俘支付生活费用。[①]

尽管战俘的生存权已经基本能够得到保障，但是他们在被俘期间的生活条件却在一定程度上不能令人满意。在罗德里格斯·埃尔南德斯（Antonio José Rodríguez Hernández）看来，战俘被囚禁地点的条件比他们被囚禁的时间更令人难以忍受。只有在极其特殊的情况下，战俘才会被囚禁 4 年或者更久，大多数战俘在被囚禁 6～7 个月后就能被释放。然而，大多数战俘会被敌军洗劫，失去他们所携带的一切东西，包括衣服和服役证件。如果遇到通货膨胀，他们必须联系自己的家人和朋友，以获取维持生存的经济来源。[②]同时，各国政府开始意识到有必要在本国被俘士兵归来后向其发放抚恤金，以改善其生活境况并奖励其忠诚。

18 世纪，战俘的待遇得到进一步改善。不同于英军在 1588 年把格拉沃利讷（Gravelines）海战中俘虏的 200 多名西班牙士兵全部处决[③]，英国在 1702 年任命了一批专门负责照料受伤战俘的官员并直属海军部管理。同时，更多的战俘能够以军人的荣誉作为担保获得假释，从而走出战俘营，和普通民众一样居住在被俘国的城镇中。在诺丁汉（Nottingham），被俘的法国和西班牙军官可以带着

---

① Archivo General de Simancas, 2679, 2.

② Antonio Cánovas del Castillo, *Estudios del reinado de Felipe IV*, Vol. 2, Madrid: Imprenta de Antonio Pérez Dubrull, pp. 483-485.

③ Antonio José Rodríguez Hernández, "Los prisioneros de guerra en la Monarquía Hispánica del siglo XVII: una aproximación", *Revista Universitaria de Historia Militar*, Vol. 9, No. 18, 2020, pp. 17-42.

剑在村子里自由走动，雇用仆人照料他们的生活。[①]

战俘还越来越关心自身的福利问题，他们甚至频繁地向看管者抱怨和申诉。1745 年 7 月，尽管被俘的法国军官已经获得了在一名英军士兵的监督下在村子里散步的权利，但他们依然抱怨不受监视的散步要求得不到批准。不过，在马丁内斯-拉迪奥·加里多(Evaristo C. Martínez-Radío Garrido)看来，在旧制度时期，各国处置战俘时必须考虑俘虏所属的社会阶级和拥有的军衔。[②] 这说明，在西方式战争文化中，欧洲各国对待战俘的方式并不相同。普通士兵被关押在拥挤的牢房里，忍受着食物不足、传染病肆虐和极其恶劣的卫生条件。1747 年 10 月，波特切斯特城堡(Portchester Castle)的每间囚室中仅有 15 张床，却关押了 110 名战俘，平均每张床要容纳至少 7 个人。12 月初，在波特切斯特以北两英里的费勒姆(Fareham)镇上的医院，出现了战俘集体发烧的情况，甚至该医院中的一名助理医生也因病去世，另一名医生则病得很重，难以治愈。[③] 维持战俘的生存和保障他们的健康，成为 18 世纪西欧各国在战俘问题上遭遇的两大主要挑战。

通过追溯西欧各国处置战俘的文化和传统可以看出，在西方式战争文化中，成为战俘并不是一种耻辱，相反，这代表了自己曾经以一种光荣的方式血战到底，或者由于受伤，以致在别无选择的情况下投降敌人。自 17 世纪起，随着战争的强度日益加剧，规模不断扩

① National Maritime Museum, ADM/M/387, 57.

② Evaristo C. Martínez-Radío Garrido: "Prisioneros españoles en la Inglaterra del siglo XVIII: una aproximación a su ubicación y condiciones", *Revista Universitaria de Historia Militar*, Vol. 9, No. 18, 2020, pp. 43-65.

③ National Maritime Museum, ADM/M/400, 413.

大，战俘的形象开始变得复杂多元。他们不但具有一定的政治价值，还具有了经济价值。在宗教信仰、骑士精神和经济考量的多重影响下，国家间的冲突在人性化方面取得了进展，欧洲各国在战俘问题上形成了同一种文化，西欧军队保留了骑士法典中强加于官兵的戒律。战争法则规定胜利者不得杀死受伤或手无寸铁的敌兵，要求他们采取适当的措施对待战俘，尊重投降条款，并使平民远离战争。但是，战争法则很难具有强制力。一些军队领导人认为，对战俘的处置方式不应危及他们属下的安全。即使在17世纪，人们也不愿意将具有潜在暴乱风险的战俘关押在军队后方，尤其是在俘获者的军队缺乏粮草的情况下。

尽管战争法则不具有绝对的强制性，但是在西欧各国之间“报复与反报复”的威胁与谈判中，最迟到18世纪，战俘的生命权基本都可以得到保障。这是因为，欧洲各国政府普遍达成共识，即战争法则不适用于违反它的人，换句话说，“对报复的恐惧在很大程度上限制了士兵的野蛮行为”①。自此，西欧国家之间的战争开始朝着人道主义的方向发展。战俘在被俘期间逐渐能够获得医疗、领取生活费、假释以及在被释放回国后领取抚恤金的权利。然而，西方式战争中对战俘的处置是以宗教信仰、种族出身、阶级层次和社会地位为区分，欧洲国家的军队在同奥斯曼人、菲律宾人及美洲的印第安人等信仰不同的群体作战时并不一定遵守保护战俘生命权的规定。②

尽管战俘的生命权基本可以得到保障，但不代表他们全都能够

① André Corvisier, *Armées et Sociétés en Europe de 1494 à 1789*, p. 201.

② Martin Van Creveld, *The Culture of War*, p. 132.

享受到俘获者的优待。事实上，各王朝国家(如旧制度时期的法国)在财政、军事等方面的局限性，使它们几乎没有能力维持一支民族军队，也限制了它们供养大量战俘。战俘被敌军关押的时间普遍不长，他们通常被视作能够换取赎金的人质，成为西欧各国政府弥补军费开支的资产。另外，出于宗教方面和卫生方面的考虑，西欧各国政府开始采取一定的卫生和营养措施，军衔较高的战俘可以在被关押地自由活动，甚至有仆人照顾其起居生活，他们还可以向当地政府申诉自己遇到的困难。三十年战争后，战俘甚至成为一项重要的外交资源，促使各国政府逐渐发展出固定的战俘交换制度。与此同时，骑士精神的延续使战俘普遍信守诺言，这就使战俘假释成为可能。战俘通常以自己的军人荣誉作为担保，发誓自己将在回国后促使本国政府释放一名相同军衔的敌方军人。在此基础上，西欧各国最终形成了以“个人对个人、军衔对军衔”为基础的战俘交换制度。

但是，法国大革命前西欧各国对待战俘的方式多是出于宗教和经济考量，这与现代世界各国出于人道和道德考量保护战俘合法权益的出发点并不相同。不同军衔的战俘在被俘之后的生活境遇同样相差较大，无人支付赎金或者没有军衔的战俘通常会迎来悲惨的命运，身世显赫或者家财万贯的战俘尽管会被勒索、洗劫，但是同样会得到较为舒适的囚禁条件。对后者来说，比被敌军囚禁更大的风险，一是来自赎金，因为这意味着对个人财产的损耗；二是来自囚禁时间，即战俘因长时间无法亲自打理生意而产生的经济损失。

西方式战争文化的局限性为启蒙先哲提供了思考的题材，他们试图给战俘问题加上人道和道德的色彩。孟德斯鸠反对格劳秀斯仅将基督徒视作战俘的观点。在他看来，屠杀战俘的行为应被世界各国唾弃。[①] 卢梭更强烈地反对格劳秀斯。他认为，只要士兵放下武器投降，就不再是敌人，别人对他们不再有生杀之权。[②] 当标榜"博爱""人道""世界主义"的法国大革命来临时，哲人们关于战俘问题的思考能否在这场震撼了整个欧洲旧制度的革命中得以实践？等待战俘的又将是怎样的命运？

---

① Montesquieu, *De l'esprit des lois*, Vol. 2, Paris: Chez Mme Veuve Dabo, à la librairie stéréotype, Senlis, imprimerie stéréotype de Tremblay, 1824, p. 64.

② Jean-Jacques Rousseau, *Du contrat social*, présentation, notes, bibliographie et chronologie par Bruno Bernardi, Paris: GF Flammarion, 2012, p. 49.

第二章　法国大革命时期的战俘政策

1789 年，法国大革命爆发。自革命伊始，法国革命者即怀有一种关爱全人类的世界主义理念，这一理念也得到欧洲各国世界主义者的响应。一些来自外国的革命支持者赶往巴黎，申请以人类的名义参加 1790 年的联盟节。为首的普鲁士男爵阿纳卡西斯・克罗茨(Anacharsis Cloots)向制宪议会阐述了法国大革命的世界意义："这不仅是法国人的盛宴，而且也是全人类的盛宴。伟大人类复兴的号角声回荡在世界各地，自由民众心中的喜悦之歌将唤醒 2500 万长期受奴役的民众。"[①]在克罗茨的话语中，法国大革命的世界性在于唤醒天性自由的民众，帮助他们摆脱暴君的统治。这一话语的独特之处在于声称人人皆有自由的权利，不同民族的民众同属于人

---

① Sous la direction de M. J. Mavidal et M. E. Laurent, *Archives parlementaires de 1787 à 1860*, première série, Vol. 16, Paris: Paul Dupont, 1883, p. 373.

类这一大家庭。正如埃克斯省(Aix)代表对克罗茨观点的回应："生活在各自国家的2500万人长时间彼此陌生，被迷信、无知、虚荣和偏见分隔开。现在，他们在一夜之间成为朋友和兄弟。这一政治奇迹是通过宣布人人具有自然和不可剥夺的权利实现的。"[①]

在世界主义理念下，君主立宪派政府在革命爆发一年后颁布《和平宣言》(*Décret de Déclaration de paix au monde*)，宣布法国人"永远不会凭借武力侵犯任何民族的自由"[②]。索菲·瓦尼什(Sophie Wahnich)认为，这标志着法兰西民族向世界宣布和平。在此之后的"一段停滞期内，法国基于人类博爱的特性无条件地礼待所有人"[③]。在法国大革命的最初几年，法国人和外国人之间的差异逐渐缩小甚至消失。在法国政府的话语之中只有"人类"和"兄弟"，没有"国民"。

然而，恰是在这处处洋溢着热情和善意的世界主义氛围中，1791年6月21日，法王路易十六出逃未遂。8月27日，奥地利和普鲁士两国君主联名发表准备武装干涉法国革命的宣言。随着战争的迫近，爱国精神、民族情绪、外国人阴谋论开始深刻地影响法国的社会和政治环境，也逐渐改变世界主义理念的内涵。在强烈的爱国主义热情与民族主义的萌芽中，世界主义非但没有消亡，反而以一种特殊的形式继续存在。

对于法国革命者来说，战争给予他们一种实现世界主义理念的便捷方式。相较寄希望于受奴役民众自我觉醒的君主立宪派，吉伦

---

① Archives nationales, C/118, L/359, 16.

② Sous la direction de M. J. Mavidal et M. E. Laurent, *Archives parlementaires de 1787 à 1860*, première série, Vol. 15, p. 662.

③ [法]索菲·瓦尼什：《向世界宣布和平》，[法]帕特里克·布琼主编：《法兰西世界史》，张新木主译，徐文婷等译，上海教育出版社2018年版，第398页。

特派认为世界主义的实现应当依靠法国人的努力，即通过"一场给全世界人民带来自由的十字军东征"[①]来推翻外国"暴君"。1792 年 4 月 20 日，法国对奥地利宣战。对于寻求在战争中巩固革命成果和增加权力的吉伦特派来说，他们需要通过实际行为展现对外国"暴君"宣战的合法性。对战俘的处置方式，显然具有一定程度的宣传价值。

1792 年 5 月 4 日，制宪议会成员拉蒙德(Ramond)提交了一份战俘法律草案。在草案中，拉蒙德提出了一种在旧制度时期对待战俘方式的框架内书写新规则的设想。他指出："我们必须为救济战俘筹集资金，必须确定安置战俘的地点，必须确定剥夺战俘自由的程度，必须考虑他们的状况。一言以蔽之，我们必须按照旧制度的规范做事。"[②]不过，拉蒙德注意到，旧制度时期的规范并不具备法律性质，他督促议会尽快制定关于战俘的法律，并通过立法展现法国的公民和政治原则。

拉蒙德把战俘政策视作"法国民众在向欧洲、向敌人诉说"[③]。但是，拉蒙德提出战俘政策的目的更像是对外国战俘进行思想同化。他认为，外国战俘应该在得到法国政府的特别保护后逐渐了解法国宪法和法律，感受法国民众款待他们的热情，熟悉法国的价值观念和风俗，进而成为交战各国人民和解的使者。拉蒙德的目的，并非局限于通过同化外国战俘使其成为法兰西民族的一分子，而是希望通过被同化的外国战俘推动全世界人民的觉醒与和解。拉蒙

① Sous la direction de M. J. Mavidal et M. E. Laurent, *Archives parlementaires de 1787 à 1860*, première série, Vol. 38, 1892, p. 705.

② Sous la direction de M. J. Mavidal et M. E. Laurent, *Archives parlementaires de 1787 à 1860*, première série, Vol. 42, 1893, p. 732.

③ Sous la direction de M. J. Mavidal et M. E. Laurent, *Archives parlementaires de 1787 à 1860*, première série, Vol. 42, p. 732.

德认为，只有改变外国战俘的思想认识，他们才能清楚地看到当前的战争是由他们的专制君主所引发，进而更加同情法国为维护国家安全和民族自由所付出的牺牲和努力，最终成为痛恨专制力量和维护法兰西民族利益的卫士。也只有这样，才能使法国从传统的、在战后与单一交战国家谈判议和的框架中解脱出来，将战争的影响力由特定地区扩大到全世界，由仅仅影响敌对民族扩大到影响全人类。

不过，尽管拉蒙德的草案“充分限制了慷慨的法国民众在可预见的时期内对战俘的可耻行为”①，但是在1791年宪法中保证“永远不使用武力妨碍任何民族的自由”②的议员认为还不够。拉蒙德在草案中提出，如果法国士兵对战俘有不当行为，军队指挥官负责处罚违纪的士兵。但是，阿比特（Albitte）、德拉克鲁瓦（Delacroix）、库东（Couthon）、韦尼奥（Vergniand）等人认为，不能把处罚权授予将军，因为他们往往会出于保护下属的目的拒绝判处侵害或侮辱战俘的士兵死刑。③ 在他们的要求下，一切危害战俘权利的行为都将受到法律的惩罚，而不是取决于个人的意志。战俘的权利，在世界上第一次以国家立法的形式受到保护。

然而，尽管拉蒙德的草案“充满慷慨”，尽管议员们热情高涨，讨论激烈，但是战俘法律仍然沿用了旧制度时期管理战俘的框架，如战俘将被关押在封闭的城镇，必须以军人荣誉担保自己不会逃跑，在任何情况下都要身着军服且不得携带武器，拉蒙德保护战俘权利的观点更像是旧制度时期战争人道观念的升级。

---

① Sous la direction de M. J. Mavidal et M. E. Laurent, *Archives parlementaires de 1787 à 1860*, première série, Vol. 42, p. 732.

② 《法兰西宪法典全译》，周威译，法律出版社2016年版，第39页。

③ Sous la direction de M. J. Mavidal et M. E. Laurent, *Archives parlementaires de 1787 à 1860*, première série, Vol. 42, pp. 734-736.

随着法军在前线节节败退，立法议会于1792年7月11日宣布“祖国在危急中”[①]，战俘问题和征兵问题、军备问题一起，成为立法议会主要关注的内容。取代吉伦特派领导法国的雅各宾派被普遍认为是更激进的革命者。在前线战争失利和内部叛乱持续的压力下，法国革命政府以保证战争需要和维护公共安全的名义制定了针对外国人的排斥和镇压政策。特别是在共和二年牧月7日（1794年5月26日），雅各宾派政府颁布法令：“禁止接收任何来自英国和汉诺威的战俘。”这项法令宣布共和二年的立法者准备对英国和汉诺威进行一场死亡战争。这项对两国士兵格杀勿论的法令，似乎是对17世纪以来欧洲各国逐渐形成的保护战俘生命权观念的颠覆。但是，事实果真如此吗？

如果我们把这项政策置于法国自1793年以来形成的排外氛围中去分析，就可以看出其不过是恐怖时期一系列排外政策的延续，其政治意义大于实际意义。1793年8月3日，加尼耶·德·桑特（Garnier de Saintes）提出了《外国人法令》（*Décret sur les étrangers*）：“所有来自敌国的人，除了那些在1789年前就已居住在法国并能提供证明的外国人以外，都必须在8日内离开共和国。”[②]这标志着世界主义的革命话语开始发生转义：战争不再是为了解救敌国受奴役的民众，而是为了捍卫法兰西民族。为了法兰西民族的自由，立法者认为有必要对外国人进行身份查验，以甄别混入法国民众中的间谍，以及与外部反革命势力勾结的叛徒。然而，在甄别的过程中，革命者却为所有外国人统一戴上了一副嫌疑人的面具。“外国人”成为一个概

① Sous la direction de M. J. Mavidal et M. E. Laurent, *Archives parlementaires de 1787 à 1860*, première série, Vol. 46, 1895, p. 343.

② *Le Moniteur*, Vol. 17, réimpression, Paris: Plon, 1847, p. 312.

念，包含革命的所有敌人：贵族、旺代叛军、王党分子，以及所有支持或者参与战争的外国民众。他们都成为罗伯斯庇尔口中革命历经的所有危机的来源。此时的“外国人”，成为一个与“法国人”对立的词语。一个人无论是否出生在法国，只要他与法国革命者对抗，他就是“外国人”。换句话说，“外国人”必然是敌人。

在“外国人”的内涵不断扩展的背景下，世界主义理念的内涵也出现新变化。雅各宾派不再简单地把法国视作人类的祖国，而是将自己视作人类的代表，只有真心拥护革命的人才能被视作人类。这就不难理解罗伯斯庇尔的话：“压迫这个独一无二的民族的人等于宣布自己与全人类为敌……他们都是奴隶，因为他们反抗人类这一地球的统治者。”①

在新的革命话语下，战俘的俘虏身份不再重要，重要的是他们是外国人。如果说，西方式战争文化中对待战俘的传统在中世纪被引入宗教因素、在旧制度时期被引入经济因素、在 1792 年被拉蒙德引入法律因素，那么此时又被雅各宾派引入了政治因素。提出英国和汉诺威战俘法令的伯特兰·巴雷尔（Bertrand Barère）在提案的结尾呈现了颁布该法令的目的：“应该让英国奴隶去死，还欧洲自由。”②既然英国人是奴隶，那么法国的自由土地又怎能容奴隶玷污？巴雷尔的话语，体现了英国士兵的死亡必须具有政治价值。他的话语勾勒出人类与强盗殊死一战的画面，恐怖政策不仅针对小皮特（William Pitt the Younger）领导的英国政府，也针对所有同法军

---

① Édité par Gustave Laurent, *Œuvres complètes de Robespierre*, Vol. 5, Paris: Imprimerie Louis-Jean, 1961, p. 363.

② Sous la direction de Philippe Gut et Aline Alquier, *Archives parlementaires de 1787 à 1860*, première série, Vol. 91, Paris: Éditions du Centre national de la recherche scientifique, 1976, p. 41.

作战的英国士兵。在这种话语里,英国人不再属于人类,他们是背叛了人类的特殊敌人,必须完全予以消灭。

然而,共和二年并没有大规模屠杀英军士兵的行为发生。事实上,除了在旺代战争中对本国叛军进行屠杀之外,法国军队在大革命时期并未出现对任何外国军人的大规模屠杀行为。巴雷尔的话语更像是一个政治口号,既是为雅各宾派政府自 1793 年以来对外国民众一系列镇压政策的辩护,也是回应罗伯斯庇尔关于"英国人与人类为敌"的观点。事实上,法国政府自 1793 年 7 月起就试图以被激怒的人类的名义,谴责英国政府的懦弱、背信弃义和残暴。共和二年雨月 11 日(1794 年 1 月 30 日),罗伯斯庇尔明确提出:"我不喜欢英国人,因为这个词让我联想到一个傲慢的人胆敢对重获自由的人发动战争;我不喜欢英国人,因为他们胆敢闯入我们的土伦港为非作歹,而那里重获人权的民众不想忍受这些苦难;我不喜欢英国人,因为他们的政府秉持马基雅维利主义,因为他们的政府背信弃义地对待我们的民众,因为他们的征服胆敢宣布不必对法国民众遵守任何战争规则,因为他们的征服在这场战争中没有遵守任何荣誉守则,因为他们是践踏最神圣法律的人类叛徒,因为他们中的一部分人特别是水手、士兵用武力对英国政府的可恶宣言予以支持。作为人民代表,我宣布我本人讨厌英国人。我声明,我将尽我所能地增加同胞对英国人的仇恨。我不管他们怎么想!我只希望我们的士兵和民众对他们怀有深仇大恨……我要把对英国政府的仇恨引向英国民众……因为他们比暴君更可憎,他们是奴隶。"[1]罗伯斯

① François Victor Alphonse Aulard, *La Société des Jacobins: recueil de documents pour l'histoire du club des Jacobins de Paris*, Vol. 5, Paris: Librairie Léopold Gerf et Librairie Noblet, Maison Quantin, 1895, pp. 633-634.

庇尔的发言多次被议员们热烈的掌声打断，他把法国的民族主义表达为一种充满激情和道理的话语，把维护法兰西民族利益的现实考量表现为个人对敌人本能的抵触反应。

然而，法国庙堂之上的仇恨没有导致对战俘的屠杀，战俘的权利依然得到了保障。恰如罗伯斯庇尔在演讲结尾时所说："只要英国民众处于暴君可耻的奴役下，我就会憎恨他们。但是，如果他们能够重获自由，他们或许能得到我的钦佩。"[①]这为雅各宾派政府改造和同化战俘奠定了基调。共和二年获月 29 日(1794 年 7 月 17 日)，雅各宾派政府颁布法令，把战俘分配到全国 245 个市镇之中，要求他们从事有益于法国的工作，以"回报法兰西民族的善意"[②]。这为战俘与法国民众深入交流，并在潜移默化中被法国大革命价值观所同化打下了基础。同时，法令还规定全体战俘无论军衔高低，每日统一领取 10 苏(sou)的生活费和 24 盎司的面包配额。这在西方式战争文化中还未有过。就连 1792 年 5 月 4 日立法议会在热情洋溢的世界主义氛围中为战俘制定法律时，也未采取如此平等的方式对待战俘。平等，这一法国大革命的核心原则，在最排斥外国人的恐怖时期反而实现了。

事实上，平等的价值观背后隐藏着雅各宾派政府对财政与经济的考虑。随着通货膨胀和指券贬值，革命政府无力维持对被俘军官的高标准待遇。共和三年芽月 25 日(1795 年 4 月 14 日)，救国委员会再次颁布法令，将每天 24 盎司的面包配额削减至 16 盎司，这激起了战俘的反抗。在夏朗德省(Charente)，当地政府动员军队维持

① François Victor Alphonse Aulard, *La Société des Jacobins: recueil de documents pour l'histoire du club des Jacobins de Paris*, Vol. 5, p. 635.

② Archives nationales, AF/II/206, 1746, 6.

秩序。在其他地区，战俘纷纷从战俘营中逃跑。各市镇政府官员指出："战俘每日 10 苏的生活费只能买到 3 个土豆，如果将面包配额减少至每日 16 盎司，他们将无法生存。"①法国对战俘的政策同样引起敌国的抱怨。1794 年 8 月，针对战俘的生活标准，萨克森-科堡(Saxe-Cobourg)公爵威胁说："法国政府应该在这方面做出准确而积极的解释，答案将决定我们是否继续给予法国战俘自被俘以来所享受的待遇，抑或对他们进行可怕的报复。"②

然而，法国政府对于敌国的抱怨同样不满，救国委员会坚持认为："在全体法国人都在挨饿的时刻，作为共和国的敌人，这些外国战俘不应该抱怨。对于他们来说，面包配额减少的幅度要比法国人小得多。"③实际上，早在削减面包配额的一年前，一名在第戎(Dijon)战俘营工作、独自管理 1800 名战俘的看守，自共和二年霜月 1 日(1793 年 11 月 21 日)起，已连续 266 天没有领到薪水。④ 相较于政府，法国民众对待战俘的态度则更为强硬，他们认为政府对待战俘过于仁慈，要求对战俘进行报复。共和二年，斯特拉斯堡(Strasbourg)的居民集体捐款慰问被关押在奥地利的战俘，认为"他们受到最野蛮的对待，被关押在窄小的空间里，呼吸着带有臭味的空气，吃着劣质的食物"。民众们要求官员们要"让奥地利政府明白我们要进行报复"。⑤ 1795 年 4 月 4 日，索姆省(Somme)人民代

① Archives nationales, AF/II/231, 1995,35.

② François Victor Alphonse Aulard, *Recueil des actes du Comité de salut public avec la correspondance officielle des représentants en mission et le registre du Conseil exécutif provisoire*, Vol. XVI, Paris: Imprimerie nationale, 1904, p. 442.

③ Archives nationales, AF/II/231, 1995,35.

④ Archives nationales, AF/II/230, 1984,29.

⑤ Archives nationales, AF/II/230, 1984, 62.

表报告亚眠市(Amiens)发生战俘叛乱,除了描写战俘对地方官员和民众的侮辱之外,他还补充道:"亚眠缺少面包。这里的民众抱怨政府分发给战俘的面包数量比分发给他们的还多。因此,居民们要求我把他们赶出去。为了战俘的安全,我把他们都关进了城堡中。"①

为缓解供养战俘所带来的财政负担和民众的不满情绪,法国政府一方面颁布法令,授权法国农民和工场主雇用战俘开展工作,以便使战俘"成为对民众有益的工人",从而"回报国民公会的善意"。② 获月 29 日法令规定,战俘可以被政府招募从事任何形式的工作,战俘本人不得予以拒绝。由于劳动力缺乏,法国民间热衷于雇用战俘。共和三年热月 13 日(1795 年 7 月 31 日),布朗代克市(Blendecques)的工场主集体请愿,要求雇用分布在法国北部地区的战俘,因为他们中的大多数人是熟练的木匠、铁匠、锁匠、制钉工、车工、亚麻裁缝、炼钢工、锯工、裁缝、铁皮管工、白铁包锡工。③ 战俘由于工资低廉、技术熟练,深受劳动力市场的欢迎,甚至成为无套裤汉强劲的求职竞争对手。

法国人博世(Guillaume Joachim Michel Boscher)为英国战俘戴维(Robert Davis)请愿的案例展现了战俘与法国民众的交流程度。共和三年获月 19 日(1795 年 7 月 7 日),博世向当地官员申请,希望他雇用的工人戴维免于参加战俘交换,并且获准一直留在法国。博世为此"愿意负担戴维在法国居住的费用,并给他提供舒适

---

① Publié par François Victor Alphonse Aulard, *Recueil des actes du Comité de salut public avec la correspondance officielle des représentants en mission et le registre du Conseil exécutif provisoire*, Vol. XXI, Paris: Imprimerie nationale, 1911, p. 522.

② Archives nationales, AF/II/206, 1746, 6.

③ Archives nationales, AF/II/229, 1977, 21.

的生活”。他详细陈述了留下戴维的理由：这名英国战俘自从为他工作以来，就持续展现出良好的行为举止，以及愿意定居法国生活、留在他家中工作的强烈意愿。为了让自己的申请得到政府批准，博世甚至强调，戴维“不像一个英国人”[①]。透过英国战俘戴维的案例可以看出，即使法国政府将英国政府和英国民众视作人类的敌人，但是庙堂之上的仇恨并没有深刻地波及民间。相反，要求战俘工作的政策更在一定程度促进了法国民众与战俘的交流。对英国战俘格杀勿论的法令只是促使“英国人”一词完成了从“人类同胞”到“人类公敌”的话语转义，在法国民众看来，英国战俘依然是廉价劳动力的代表。他们看到的是战俘在工作中展现出的劳动技能和言谈举止，战俘看到的则是革命后的法国在自由、平等等方面的进步。可以说，在雇主与雇工的接触中，战俘在潜移默化中受到法国大革命价值观的影响。

另外，法国政府鼓励法国民众与战俘进行密切交流，并加大对以粗暴方式对待战俘的法国公民的处罚力度。西班牙语翻译奥利维亚(Olivia)的案例正是这方面的直观表现。共和三年风月25日(1795年3月15日)，第九委员会(9e Commission)向救国委员会提交了一份报告，详细陈述要求救国委员会解雇奥利维亚的原因。第九委员会认为，解雇奥利维亚并不是由于她缺乏爱国精神和工作热情，相反，是由于她说话、做事的方式，以及她的浮夸和鲁莽影响了法国政府的声誉。报告引用了奥利维亚写过的一封信：“一对夫妇问我，是否能够为他们的女儿跟一名战俘结婚提供便利。我回答说，我不是市政府的工作人员，因此我没有决定权。然后，其中的一

① Archives nationales, AF/II/229, 1975, 32.

个人告诉我，他们的女儿怀了战俘的孩子。这样的谈话内容让我感到厌烦。我告诉他，这对共和国而言是非常可耻的。”[①]报告补充道，由于担心这位翻译对其他战俘使用类似的粗鲁语言，因此将奥利维亚革职。

在这个案例中，我们不仅可以看到法国政府要求翻译怀着对战俘的尊重开展工作，还可以看到战俘与法国人民的密切联系。事实上，在法国，战俘营和外部世界不是两条对立的平行线。救国委员会不仅不排斥外国人与法国公民交流，还鼓励外国人在这里永久定居。发生在西班牙战俘普拉纳（Plana）身上的案例生动展现了法国政府在归化战俘方面的努力。这名西班牙战俘因为醉酒无缘无故地踢了市长的儿子，但最终却未受任何处罚。不仅如此，他还拒绝佩戴表明自己的战俘身份、标有字母“E”的袖章。共和三年牧月 27 日（1795 年 6 月 15 日），一份关于普拉纳的告状信被摆到了救国委员会的案头。市长在信件中写到他本来把普拉纳关进了监狱，但是又释放了他。这是因为“他与一位法国姑娘订立了婚约，因此他应该被当作法国人对待。既然法律没有规定踢人的法国公民要被关进监狱，在议会没有对该行为设立惩罚措施的情形下，这名战俘不应该被特别对待”[②]。不过，在这封信中，市长请求救国委员会就另一个问题对战俘进行制裁，即普拉纳没有佩戴标有字母“E”的袖章。按照共和二年获月 29 日法令的规定，任何拒绝佩戴袖章的战俘都将被关押到监狱里直到战争结束。对此，救国委员会回复道：“该名战俘不适用于被囚禁到战争结束的条款。这是因为他已经与

① Archives nationales, AF/II/230, 1987, 14.

② Archives nationales, AF/II/229, 1993, 15.

一名法国女子订立婚约。因此，他应该被释放，像一名法国公民一样获得自由。”①

法国大革命时期，战俘在法国的日常生活并非如同战俘政策所展现的那般令人恐惧，他们既没有如同法令中所要求的那样被政府处决，也没有在强制劳动中被民众虐待。他们不仅可以获得工资报酬，其中的一部分人还因为与民众的密切联系最终定居于法国。究其原因，除了法国革命者所标榜的道德和人道主义之外，还有对外宣传的考量。

法国在战俘问题上加入了属于革命的价值观——平等。这成为法国革命政府在处置战俘问题上相较于其他欧州国家最大的不同。法国政府不仅颁布了为战俘军官和士兵发放同额生活费和面包的法令，还跳出宗教框架，将人道主义原则的适用范围从基督徒扩展到全人类，帝国军队中的土耳其战俘、斯拉夫战俘受到法国政府一视同仁的对待。尽管雅各宾派政府制定了不接受英国和汉诺威军人投降的法令，究其原因，是雅各宾派把英国人和汉诺威人视作“人类的敌人”，而非出于狭隘的宗教信仰。同时，该法令的象征意义大于实际意义，法国军队在实际战争中并未大规模屠杀敌军士兵。在布鲁瓦·屈弗利耶(Benoît Cuvelier)看来，这是对战俘保持身体和精神健康的保证。② 正是通过工作，战俘加深了同法国民众的联系，不少人被法国的价值观所同化，最终永远留在了法国。

然而，我们应该注意到，平等的尝试并没有完全成功。在为战

---

① Archives nationales, AF/II/229, 1993, 16.

② Benoît Cuvelier, “Le régime juridique des prisonniers de guerre”, *Le droit international humanitaire* (*droit international des conflits armés*, Vol. 23, No. 4, 1992, pp. 713-796.

俘官兵发放等额生活费的获月 29 日法令颁布三个月后(1794 年 10 月 28 日),法国政府就恢复了按军衔为战俘发放生活费的旧制。即使是在为现代国家处理战俘问题确定基本原则的《日内瓦第三公约》中,军官和士兵在工作方面所受待遇的标准依然不同。从这种程度上说,法国大革命并没有完全与旧制度时期流传下来的欧洲各国对待战俘的传统决裂。

作为对比,王权统治下的神圣罗马帝国,尽管承袭了旧制度时期的战俘文化,但是依然在法国革命浪潮的裹挟下做出些许改变。实际上,旧制度下的君主政府在战俘问题上最直观的改变,可以通过法国与奥地利的直接对话来展现。早在共和二年,法国就尝试与奥地利进行关于交换战俘的谈判。尽管奥地利方面表达出对战俘交换的迫切,但由于其坚持赎金制度,法国最终出于政治方面的原因叫停了谈判。[①] 法国革命者坚持认为,战俘不应该等同于金钱,他们废除了自中世纪以来西欧各国形成的战俘赎金制度。必须与法国打交道的欧洲各国政府也因此受到影响,把人等同于金钱的做法最终被西欧各君主国废除。不仅限于赎金方面,在以更平等的方式对待战俘方面,法国的做法也在一定程度上影响了敌对的反法同盟国。尽管法国在实际做法中依然区别对待军官和士兵,但是起码给予普通士兵基本的生活保障。当奥地利政府与法国政府于共和三年果月 27 日(1795 年 9 月 12 日)最终达成交换战俘的协议时,奥方主动提出普通战俘也应该得到免费的住宿、所需的衣物、每日两磅的面包配额。法国政府对此以赞许的态度表示:“法国政府欢迎

① Archives nationales, AF/II/231, 1995, 49.

奥方的提议，绝对能够让奥地利战俘感到满意。”[1]可以说，法国尽管在大革命初期延续了旧制度时期处置战俘的某些方式，但是随着革命的进展，在交战各国对战俘基于对等原则的“报复与反报复”中，大革命的新观念逐渐与旧制度时期处置战俘的范式相融合。如果以战俘研究为切口，用一个词概括法国大革命对西方式战争文化的影响，这个词或许既不是“延续”也不是“断裂”，而应该是“改良”。

① Archives nationales，AF/II/147，692，109.

第三章　前往法国:以狄奥尼西奥·德·拉斯·卡吉加斯为例

第一节　战争爆发

1789 年 7 月 14 日法国大革命伊始,狄奥尼西奥·德·拉斯·卡吉加斯刚好 26 岁零 29 天。1763 年 6 月 16 日,他出生于西班牙坎塔布里亚(Cantabria)的埃斯卡兰特镇(Escalante)。十天后,小狄奥尼西奥在圣克鲁斯(Santa Cruz)教区的教堂里受洗。① 埃斯卡兰特位于西班牙北部,与法国西南部隔海相望。这是一个港口小城。西班牙统计研究院坎塔布里亚分院(Instituto Cántabro De Estadística)曾经在 2011 年对全国人口进行统计,埃斯卡兰特镇只有 509 人。② 在这个人口不多的小城,卡吉加斯家族可以算是在当地具有一定影响

① Archivo Diocesano de Santander, 5302, 47.

② *Fichas Municipales*, Escalante, 2011, p. 3.

力的家族：他们一家人几乎都在政府部门里任职。[1] 档案馆中没有保存关于狄奥尼西奥的童年和少年生活信息的资料。但是，鉴于他出生于一个在当地政府中任职的官宦家庭，我们可以认为，他的童年生活一定很平静。或许，他还有大量的空暇沐浴在阳光中向海对面的法国远眺。彼时，他肯定不知道海对面的这个国家将在他成年后爆发革命，这场革命又将改变他的人生。

1789 年法国大革命伊始，26 岁的狄奥尼西奥已经在西班牙海运邮政局工作了接近 9 个年头。1764 年，在狄奥尼西奥还未满周岁时，国王卡洛斯三世（Carlos Ⅲ）为改善西班牙原有的邮政系统、加快邮件传递速度，特别是为了加强本土与遥远的美洲殖民地之间的联系设置了海运邮政局。[2] 自海运邮政局成立之时起，埃斯卡兰特镇的海运邮政业务就几乎被卡吉加斯家族垄断。狄奥尼西奥的父亲安东尼奥·德·拉斯·卡吉加斯·阿古多（Antonio de las Cagigas Agudo）是埃斯卡兰特镇政府的官员。利用父亲在市政府工作的关系，狄奥尼西奥的两个兄弟——弗朗西斯科·德拉斯·卡吉加斯（Francisco de las Cagigas）中尉和胡安·曼努埃尔·德拉斯·卡吉加斯（Juan Manuel de las Cagigas）上尉都进入了埃斯卡兰特海运邮政局工作。此外，在狄奥尼西奥与其他人的工作往来信件中，经常提到她母亲的姓氏桑特利塞斯（Santelices），这说明不仅他的父系，就连他的母系一支也有不少亲属在当地的海运邮政局供职。因此，当狄奥尼西奥年满 17 岁时，他选择走上与其他家族成员

---

① Archivo Municipal de Escalante, 13,7.

② José Maria Vallejo García-Hevia, “Los navíos de aviso y los correos marítimos a Indias (1492-1898)”, *Ivs fvgit: Revista interdisciplinar de estudios histórico-jurídicos*, No. 7, 1988, pp. 197-266.

完全相同的职业道路，于 1780 年 11 月 26 日正式成为海运邮政局的一员。[①] 尽管海运邮政局直到 1802 年 4 月 6 日才正式并入西班牙皇家海军[②]，但是事实上，海运邮政局从成立的那一天起，就在行政上和军队一样实行军事化管理。从这种意义上，可以说狄奥尼西奥从他职业生涯开始的那天起，直到他 88 岁去世，其毕生的命运都与军旅生涯联系在一起。

到 1792 年，狄奥尼西奥已经在海军邮政局服役 12 年，此时法国对“匈牙利和波西米亚国王”宣战。自此，直到 1795 年法国实现“征服的和平”，战争始终是大革命的主题。但是，在大革命战争的各个阶段，战争主题的内涵并不相同。如果对 1792 年至 1793 年大革命战争的特点进行归纳的话，那么应该是法军潮汐涨落般的退缩与猛进。

1791 年，法国人是在焦虑和怀疑中度过的。年初，民间就充斥着“对于即将到来的土匪或者奥地利军队的恐惧”和对外国间谍的怀疑。[③] 7 月 21 日，法王路易十六出逃事件更是给他们带来了外国军队将要干涉大革命的担心。到 1792 年暮春时节，法国吉伦特派政府终于率先对外宣战。9 天后，比龙（Armand-Louis de Gontaut Biron）将军带领的军队在基耶夫兰（Quiévrain）打响了法军在大革命战争中的第一枪。不过，由于第五和第六龙骑兵团的临阵脱逃，

① Manuel-Reyes García Hurtado, *Soldados sin historia*: *Los prisioneros de guerra en España y Francia a finales del Antiguo Régimen*, Gijón: Ediciones Trea, 2011, p. 33.

② Raquel Bisio de Orlando, “La renta de correos en Buenos Aires hasta 1810”, *Memoria del X Congreso del Instituto Internacional de Historia del Derecho Indiano*, Vol. 1, 1995, pp. 169-186.

③ 参见谭旋：《路易十六出逃记》，赵雯婧译，北京师范大学出版社 2019 年版，第 14、16、40 页。

比龙的军队只能无序地撤退。自此之后,法军经历了一个败讯不断的夏天:8月23日丢失隆维(Longwy),9月2日巴黎的门户凡尔登(Verdun)失守,普奥联军的兵锋直指巴黎城下。但是,9月20日的瓦尔密战役逆转了法军在战场上的劣势。这个在战术上无决定性意义的炮兵行动,却在战略上确保了法国大革命的成果。大革命史上第一支由老兵和义勇兵组成的杂牌军,成功地击败了在18世纪末的欧洲具有极高声誉的奥地利军队与训练有素的普鲁士士兵。但是,瓦尔密战役的意义还不只是挽救了大革命成果这么简单。尽管瓦尔密战役中交战双方的伤亡总和很小(总共不超过500人),并且该战役中法军在战术上没有创新性的变化,但是自瓦尔密战役起法国的新式军队开始登上历史舞台,这开启了法国乃至欧洲军事力量组织形式的更新。这种更新,同样是对战俘命运和西方式战争文化的更新。

自瓦尔密战役起,法军仿佛拿到了开启胜利之锁的钥匙,接连取得一系列战役的胜利:1792年9月30日,普奥联军自瓦尔密撤退;同日,库斯汀(Comte de Custine)将军占领施派尔(Spire)。10月5日,法军攻占沃尔姆斯(Worms),10月21日攻占美因茨(Mayence),11月6日取得热马普(Jemappes)战役的胜利,12月22日攻占法兰克福(Francfort)。①

与胜利如影随形的是扩张。在北线,尽管萨克森-泰申公爵阿尔贝特·卡西米尔(Albert-Casimir de Saxe-Teschen)率领普奥联军在9月29日至10月3日间将里尔(Lille)围困,但是自10月8日

---

① Jean Delmas, Anne Blanchard, Gilbert Bodinier, Jean Chagniot, Philippe Masson, Jean Meyer, *Histoire Militaire de la France, 2: de 1715 à 1871*, sous la direction d'André Corvisier, Paris: Presses Universitaires de France, 1992, p. 265.

里尔之围被解后，法军迅速将战火烧到邻国。11 月 14 日，法军在迪穆里埃(Charles-François du Périer Dumouriez)将军的率领下抵达布鲁塞尔，28 日占领列日(Liège)。到 12 月初，整个比利时都成了法国的领土。亚琛(Aachen)也被法军占领。但是，迪穆里埃却拒绝了库斯汀和战争部长帕什(Jean-Nicolas Pache)要求其入侵联省共和国的建议，因为在取得这些军事胜利后，迪穆里埃准备经营比利时，以在此传播革命。他认为法国已经完成一场实质性的革命，在这种情况下应该援助被压迫的外国民众。帕特立克·查斯坦·豪(Patricia Chastain Howe)认为，这说明迪穆里埃是一个秉持世界主义理想的革命者。[①] 从某种意义上说，法军自将敌军驱逐出法国后，就赋予了自己将革命输出的使命。

在南线，孟德斯鸠(Anne-Pierre de Montesquiou-Fézensac)将军于 9 月 21 日攻入萨伏依(Savoie)，并于 9 月 24 日占领尚贝里(Chambéry)。在皮埃蒙特军队于 10 月 4 日全部撤出萨伏依后，这个公国于 11 月 27 日正式并入法国，成为法国的一个省。再往南，安塞尔姆(Jacques Bernard d'Anselme)将军占领尼斯(Nice)，这个世界闻名的避暑胜地于 1793 年 1 月 31 日成为法国的领土。战火逐渐从法国东北方燃烧到南方，直逼西班牙。

自普奥联军在施派尔投降后，法军第一次在大革命战争中接收大量战俘。在这里，法国军队俘虏敌军士兵 2000 人。[②] 在处置遍布香槟平原(Plaines champenoises)的普奥联军战俘时，库斯汀将

① Patricia Chastain Howe, "Charles-Francois Dumouriez and the Revolutionizing of French Foreign Affairs in 1792", *French Historical Studies*, Vol. 14, No. 3 (Spring, 1986), pp. 367-390.

② *Le nombre des tués hessois*, http://www. spanishsuccession. nl/speyerbach. html.

军认识到将大量战俘留在部队中的危险。他向北方军指挥官比龙将军指出:“在3000名来自美因茨选帝侯军队的战俘和1200名来自其他邦国军队的战俘的注视下,搬运德意志人留在施派尔的大量物资不是谨慎并且安全的做法。”①在施派尔战役后,法军开始陆续将战俘转移到后方。

民族军队的建立和战争局势的扭转,促使法军处置这些外国战俘的方式势必要与旧制度时期的法国王室政府和仍处在旧制度下的敌国政府有所区别。从军事意义上看,民族军队的建立,使战俘不能再像以前一样被强行纳入军队;从革命理想看,战俘同样属于被君主和贵族奴役的底层人,致力于拯救全世界受奴役民众的法国革命者注定要保障战俘的生存权利。如何处置战俘,在旧制度时期已然成为一个涵括军事问题、经济问题、外交问题的综合性问题,法国革命者又为其加入了政治元素。更重要的是,秉持世界主义理想的法国人,同样需要通过对战俘的处置向外国民众展现法国大革命的成果和进步。如何处置外国战俘,成为伴随着大革命战争胜利带给法国政府和军队的“甜蜜的烦恼”。

第二节　西班牙参战和法军的退却与扩张

法国在1792年底对普奥联军的反击是暂时性的。进入1793年,法军的攻势迅速减弱。在3月18日于内尔温登(Neerwinden)战役中失败和迪穆里埃在4月3日叛逃之后,法军从攻势转为守

① Peter Rassow, *Histoire de l'Allemagne: des origines à nos jours*, traduit de l'allemand en français par Berger, Kamnitzer et Pons, Roanne: Horvath, 1969, p. 446.

势。与此同时，反法同盟增添了新成员：荷兰（2 月 1 日）和西班牙（3 月 7 日）。对于吉伦特派来说，革命形势急转直下，法国深陷危机中。对于狄奥尼西奥而言，西班牙参战的决定也将决定他悲剧性的命运。

3 月 7 日，法国国民公会向西班牙宣战。此时，狄奥尼西奥正在拉科鲁尼亚（La Coruña）海运邮政局服役。战争开始时，战火一度离狄奥尼西奥所在的西班牙西北部地区很近。4 月 23 日，西班牙军队率先在比利牛斯山脉西部发动进攻，但是被法军击退。不过，既然整个法国南部边境都与西班牙王国毗邻，西班牙人就能够用在山脉东部的军事成功来弥补他们在西部的损失。尽管法军在 7 月 13 日击退了西班牙军队对佩皮尼昂（Perpignan）的进攻，甚至法国人还在达戈贝尔（Luc Siméon Auguste Dagobert）将军的组织下收复了一些被西班牙军队占领的小城镇和村庄，但是在 12 月西班牙军队组织了反击，并一举占领旺德尔港（Port-Vendres）和科利尤尔（Collioure）。[①]

1793 年法军在军事上的失利，不仅源于西班牙军队在南部的威胁，还源于反法同盟军队如同收紧的同心圆从四面八方一齐向法国加紧进攻的态势。在法国的边境线上，外国军队无处不在。英国军队包围了敦刻尔克（Dunkerque），并于 8 月占领土伦（Toulon）；奥地利军队在 7 月相继占领孔代（Condé）、瓦朗谢讷（Valenciennes）、勒凯努瓦（Le Quesnoy）、莫伯日（Maubeuge）；普鲁士军队在进攻萨尔（Sarre）的战事中取得进展；撒丁（Sardinia）王

① Jean Delmas, Anne Blanchard, Gilbert Bodinier, Jean Chagniot, Philippe Masson, Jean Meyer, *Histoire Militaire de la France, 2: de 1715 à 1871*, Sous la direction d'André Corvisier, p. 267.

国的军队翻越阿尔卑斯山进入萨伏依。①

反法同盟军不仅在时间上具有军事行动同时性的特征，在政治上还注意与法国国内的叛军里应外合。1793 年 3 月，反对征兵令的农民在王党分子的宣传和煽动下蜂拥而起，在法国西部旺代省(Vendée)掀起叛乱。为镇压旺代叛军，法国军队在此屠杀了成千上万的民众、战俘和同情王党分子者。弗朗索瓦·弗雷(François Furet)评论道："在旺代进行的肆意镇压，不仅表现为规模空前的大屠杀和破坏，而且显示出狂热是如此暴力。"②

自 1793 年秋季开始，法军重新夺回了优势，再一次成为战场上的攻方。他们先是收复了丢失的国土，恢复对东南部城市里昂(Lyon)和土伦的控制，并在北方的翁斯科特(Hondschoote)击败英国军队，在瓦蒂尼斯(Wattignies)抵御了奥地利军队的进攻。③ 然后，法军把战场推进到国外，由乌沙尔(Jean Nicolas Houchard)将军率领的北方军进入西佛兰德(West Flanders)，在此击败奥兰治亲王(Prince of Orange)的军队。1793 年底，法军在霍什(Lazare Hoche)将军的命令下进攻阿尔萨斯(Alsace)，迫使维尔姆泽(Dagobert Sigmund von Wurmser)元帅和不伦瑞克公爵(Duke of Brunswick)统率的普奥联军再次退回到莱茵河东岸。法军在 1793

---

① André Fugier, *Histoire des relations internationales*, *Vol.* Ⅳ, *sous la direction de Pierre Renouvin*, *La Révolution française et l'empire napoléonien*, Paris: Hachette, 1954, p. 83.

② François Furet, Mona Ozouf, *A Critical Dictionary of the French Revolution*, translated by Arthur Goldhammer, Cambridge, Massachusetts: Belknap Press of Harvard University Press, 1989, p. 175.

③ André Fugier, *La Révolution française et l'empire napoléonien*, in *Histoire des relations internationales*, *Vol.* Ⅳ, *publié sous la direction de Pierre Renouvin*, Paris: Hachette, 1954, p. 83.

年12月22日至26日之间向普奥联军发动进攻，接连夺下敌人位于弗勒什维莱尔（Frœschwiller）、朗巴克（Lembach）、洛泰堡（Lauterbourg）、海格瑙（Haguenau）的阵地，在“兰道（Landau）或者死亡”的口号下沿着莱茵河一路打进了普鲁士境内。

与战事进展顺利相伴的是战俘数量的增多。在西佛兰德，荷兰人丢失了40多门大炮，损失88名军官和3000名士兵，其中有2000人成为法军的俘虏。[①] 在弗勒什维莱尔，军事特派员埃利·拉科斯特（Élie Lacoste）和安托万·博多（Marc Antoine Baudot）在战斗报告中写道：“共和国的捍卫者……刚刚拿下一场标志性的胜利。他们夺得16门大炮、20个弹药箱，俘获了500多名战俘。”[②]

被俘虏的敌军士兵很快被转移到法国的内陆地区：北线，在西佛兰德战役中成为战俘的荷兰士兵被分配到法国中部的各个市镇，其中118人被押往法国本土的中心点蒙吕松（Montluçon）[③]；东线，被俘虏的德意志和奥地利战俘首先被关押在东部城市朗格勒（Langres），很快他们被转移到对于法军来说更安全的法国中部。269名战俘分批抵达里永（Riom），其中第一批抵达的战俘为185人，他们于共和二年风月16日（1794年3月6日）离开郎格勒，在第戎（Dijon）会合了15名来自其他部队的战俘后，继续向位于里永的战俘营前进。路上，有4名战俘因为患病被留在位于穆兰（Moulins）的医院，1名战俘于途中死亡。最终，剩下的195名俘虏于风月29日（3月19日）抵达他们的新安置地。第二批是向法军

① Arthur Chuquet, *Hondschoote*, in *Les Guerres de la Révolution*, Vol. XI, Paris: Léon Chailley Éditeur, 1893, pp. 262-269.

② Arthur Chuquet, “Hoche et la lutte pour l’Alsace(1793-1794)”, in *Les Guerres de la Révolution*, Vol. IX, Paris: Léon Chailley Éditeur, 1893, p. 138.

③ Archives départementales, L4071, L4073.

主动投降的70名战俘，他们的迁移路途也更加顺利。一行人在风月18日(3月8日)启程，并于芽月1日(3月21日)到达里永。①

1793年12月，王党分子在萨沃奈(Savenay)战役中败北，旺代叛军有组织的抵抗就此结束。这标志着进入1794年之后法军终于可以不再有后顾之忧，能够依靠前一年积累的战争优势全面越出国境线，将大革命的理想和原则播撒到邻近的每一个国家。这年春天和夏天，奥地利、尼德兰、莱茵河左岸、萨伏依成为法军的主要进攻方向。换句话说，尽管此时狄奥尼西奥已经作为军人卷入这场革命战争，但是他所在的地点仍然相对安全。6月26日，法军取得弗勒吕斯(Fleurus)战役的决定性胜利。反法同盟放弃了比利时并撤退到神圣罗马帝国境内，帝国永久失去了对比利时的控制。法军摧枯拉朽，于7月10日占领布鲁塞尔，于7月27日占领安特卫普(Antwerpen)。9月18日，比利时领土上的最后一场战斗在斯普里蒙(Sprimont)结束。事实上，自弗勒吕斯战役结束后，法军就已经腾出手来，把主要注意力转向海上，因为此时唯一能给它带来威胁的只有位于欧洲大陆之外的英国，以及与英国海军往来密切的西班牙皇家海军。作为在英国海军与西班牙海军之间传递情报的机构，海运邮政局在战争中扮演着重要的角色。而海运邮政局少尉狄奥尼西奥也因此走上战争一线，并在弗勒吕斯战役结束后一个月被俘。

第三节　参军

18世纪末，西欧各国的军队组织形式经历了一系列变化，最显

① Archives départementales, L5225, L5231.

著的特点是军队中外国元素减少。其中，最为著名的是法国救国委员会在共和二年霜月2日（1793年12月2日）颁布的禁止外国人在法兰西民族军队中服役的法令。[1] 在其他国家的军队中，外国士兵所占的比例同样逐渐缩小。然而，与法国不同的是，西欧各国并没有将外国人从军队中完全清除。这是因为，不同于法国在大革命战争中创建的民族军队，西欧各国的军人对国家的认同多是从对家乡、对所属地区的认同延伸而来。如同狄奥尼西奥家族，他们就是从保卫家乡埃斯卡兰特的民兵做起，逐渐成为保卫祖国的职业军人。

在中世纪，尽管招募雇佣兵参与作战是各国政府的惯常做法，但是在西班牙，最迟到卡洛斯一世（Carlos I）在位时期（1516～1556年），雇佣兵已不再是西班牙军队的主要构成部分。在西班牙部署于欧洲和美洲的军队中，只有尼德兰的防务主要由瑞士军团承担。总体来说，西班牙人组成的军队控制、接管了国家。[2] 换言之，西班牙在16～17世纪形成的军民不分的时代结束了。卡洛斯一世继位之前，民事与军事往往交织在一起，被征召入伍的要么是中世纪的骑士，要么是战时当兵、平时务农的农民。随着国家税收事业的发展，财政变革引发了军事变革，增加的国家税收可用于支付战争中必要的军费开支，雇佣兵因此得以被国王招募到军队中。与此同时，专职作战的本土职业军人也开始出现。军队从国家和社会中的角色独立出来以后，西班牙职业军人的数量不断增多，逐渐占据原本属于雇佣兵的位置。平民除了纳税之外，不再负

---

① Sous la direction de M. J. Mavidal et M. E. Laurent, *Archives parlementaires de 1787 à 1860*, première série, Vol. 80, 1912, p. 526.

② André Corvisier, *Armées et Sociétés en Europe de 1494 à 1789*, p. 23.

有国防军事义务。但是,在 18 世纪以前,平民经常要承担一些维护地方秩序的工作。换句话说,平民要参与地方民兵组织,维持地方治安。

狄奥尼西奥的一家,就是在西班牙职业军人出现的进程中参军入伍的。他并非出身于传统的骑士家庭,亦非小贵族,但是在他的父亲卡吉加斯·阿古多成为埃斯卡兰特镇政府的官员之后,狄奥尼西奥家中的三个男孩以及他母亲卡斯蒂略·桑特利塞斯家中的男孩都被送入了军队。

在对祖国和国家军队产生认同感之前,18 世纪末的欧洲人最强烈的感情是对乡土的依恋。他们普遍不愿离开家乡,因为对于他们来说,履行军事义务与其说是保卫国家,不如说是保卫生于斯长于斯的家乡。自 17 世纪末起,西班牙各市镇自发组建民兵组织。这些主要由农民组成的民兵团体彼此合作,防御可能侵扰家乡的强盗。到 18 世纪,随着资本主义经济的兴起,资产阶级民兵组织逐渐替代农民民兵组织,成为保卫西欧各市镇的中坚力量。在西班牙西北部沿海地带,为了防备海盗,几乎每个市镇都有民兵。狄奥尼西奥的父亲,卡吉加斯·阿古多在成为镇政府官员之前就曾经是一名民兵。

民兵的职责不仅限于保卫家乡和维护治安,还在一定程度上扮演着正规军副手的角色,比如看管战俘和训练新兵。他们会组织成立押运队,负责将战俘从前线押送到内陆地区的安置点。在战俘营,民兵还要担负看守的任务,负责平息战俘之间可能出现的冲突,镇压战俘暴动或者抓捕逃跑的战俘。另外,居住在沿海地区的民兵,还要承担海岸警卫队的职责。欧洲最早的海警组织出现在西班牙地中海沿岸的格拉纳达(Granada),它的任务是提防来自北非的柏柏尔海盗。[①]

在法国，沿海市镇的民兵组织在16世纪弗朗索瓦一世（François I）统治时期就已出现。当时，法国规定凡年龄在18～60岁、身体健康且所处教区距离海岸不足两法里（8公里）的男性，都要进入民兵组织服役。他们的职责是守卫哨所和高地，如教堂塔楼；向靠岸的可疑船只鸣枪示警；定期在固定地点集结进行军事训练；看管战俘和抓捕逃兵。[②]

狄奥尼西奥的父亲在到埃斯卡兰特镇政府工作之前，作为一名民兵参与过看管战俘的工作。或许，他曾经向年幼的狄奥尼西奥讲述过他在战俘营中的工作经历。这是因为，从狄奥尼西奥日后在被俘时的坦然，或者从他在被俘期间所写的书信来看，他似乎比较清楚被俘之后可能受到的待遇，甚至还告诉法国看守应该以何种方式更好地看管战俘。

四国同盟战争（1718～1720）结束后，军队的组织形式、军力和外国雇佣兵的作用成为西班牙宫廷讨论的主题。[③] 在战争中，来自爱尔兰、意大利、佛兰德、瑞士等地雇佣兵的表现参差不齐，这引起宫廷内部对是否应该大规模招募雇佣兵的讨论。另外，由于西欧民众民族意识的提高，招募雇佣兵成为一个双向选择。在战争中表现突出的佛兰德人，尤其是瓦隆（Walloons）近卫军，以及爱尔兰和意

---

① Rafael Tejado Borja, "Guerra y milicias en el siglo de las luces", *Cuadernos Diectiochstas*, Vol. 21, 2020, pp. 197-233.

② André Corvisier, *Armées et Sociétés en Europe de 1494 à 1789*, pp. 41, 43.

③ Thomas Glesener, "El ministro de guerra a finales del reinado de Felipe V: entre reforma del ejército y defensa del estamento militar", in Michel Bertrand, Francisco Andú jar Castillo, Thomas Glesener, *Gobernar y reformar la monarquía: los agentes políticos y administrativos en España y América. Siglos XVI - XIX*, València: Albatros Ediciones, 2017, pp. 233-253.

大利军团成为各国政府争相招募的对象，他们普遍不愿加入西班牙军队。这是因为西班牙军队中有大量职位被固定的家族垄断。这种现象不仅存在军队高层，在一些小市镇，甚至是在狄奥尼西奥的出生地埃斯卡兰特，家族垄断军事职位的现象同样存在。

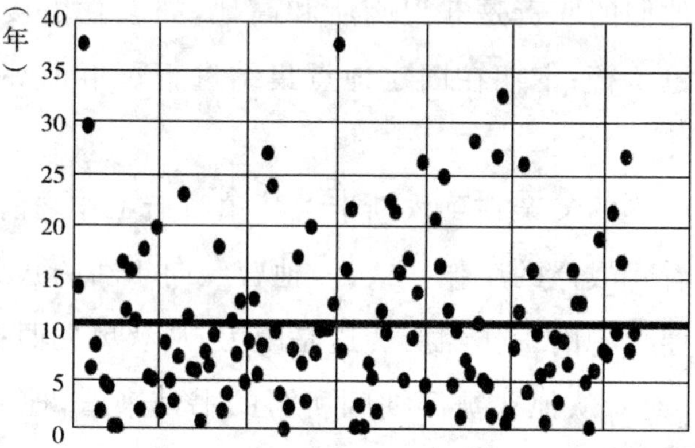

图 3-1　西班牙塞维利亚军团官兵服役年限

说明：平均服役年限为 10.5 年

资料来源：Rafael Tejado Borja，"Guerra y milicias en el siglo de las luces"，in *Cuadernos Diectiochstas*，Vol. 21，2020，pp. 197-233。

到法国大革命前，西班牙军队由四部分构成，一是西班牙职业军人组成的精英军团，如皇家卫队；二是宫廷招募的外国雇佣军团，如佛兰德人、爱尔兰人、意大利人和瑞士人；三是通过特定的征兵公司或者私人渠道招募的军人，主要是瓦隆近卫军、热那亚(Genoa)人、帕尔马(Parma)人；四是由战俘和外国逃兵组成的军团。[①] 对于 18 世纪的欧洲人来说，军人更像是一种职业。投降成为战俘，更多

① Javier Bragado Echevarría，"Guerra y Mercenarios：La crisis del reclutamiento de extranjeros en el ejército borbónico en la Segunda mitad del siglo XVIII"，*Cuadernos Diectiochstas*，Vol. 21，2020，pp. 45-81.

地意味着换一份工作。对于他们来说，尽管忠于祖国的观念正在萌发，但尚未根植于内心，更多的考虑还是取决于经济待遇，如丰厚的军饷。

随着欧洲各国政府招募雇佣兵的成本逐渐上升，到1777年以后，西班牙军队中的本土军团的数量逐渐增加，大多数军官都由本国人担任。[①] 法国大革命爆发后，1790年佛罗里达布兰卡伯爵(Conde de Floridablanca)颁布命令，禁止军队招募来自法国和瓦隆地区的雇佣兵。他担心法国的革命价值观对西班牙士兵产生影响。为此，自1792年起，西班牙政府开展了对军队中全体雇佣兵的审查。该年8月，瓦隆近卫军、佛兰德军团，以及曾经在法国长期驻扎的12个瑞士军团被解散。但是，尽管西班牙高层对法国革命思想的传播感到恐惧，但对外国雇佣兵的清洗并没有阻断革命思想的传播。战后的事实证明，革命思想传播的途径不仅可能来自为西班牙而战的外国雇佣兵，还可能来自被法军俘虏后释放的西班牙战俘。

欧洲各国政府不仅重视士兵在思想方面的情况，还注意对士兵的作战技能进行培养。1717年，西班牙政府在加的斯(Cadiz)建立海军军官学院，并将海军的其他附属机构也转移到这里，包括一个印刷厂。西班牙波旁王室效仿法王路易十四建立的法军，注重在军队中培养士兵对知识与科学的浓厚兴趣。因此，他们投入大量的资金为海军士兵购买图书、乐器，聘请科学与文化教师。培养海军士兵的课程涉及天文、代数、微积分、几何学、航海学、宇宙学、水文学、医学、火炮学、物理学，甚至还引进了植物学、动物学等最新的科学

① Francisco Andújar Castillo, "La privatización del reclutamiento en el siglo XVIII: el sistema de asientos", *La historia militar*, Vol. 25, 2003, pp. 123-147.

课程。

除了开设科学课程，西班牙政府在加的斯的印刷厂还出版教材。1758年，由西班牙海军军官学院院长、法国天文学家路易斯·戈丁(Louis Godin)撰写的《数学纲要：供海军军官使用(第一部分)》(*Compendio de Mathemáticas：para el uso de los cavalleros guardias-marinas, I parte*)出版。这本书是对18世纪末欧洲航海技术的总结，得到有“造船工程之父”之称的法国数学家、地球物理学家、大地测量学家和天文学家皮埃尔·布格(Pierre Bouguer)的认可。[①] 除此之外，学院印刷厂还在1771年出版了《基础几何和直线三角学纲要：供在学院学习的海军军官使用》(*Compendio de la Geometría elemental, y trigonometría rectilínea ：para el uso de los cavalleros guardias-marinas en su Academia*)。作为一本非常有用和简单的手册，该书在1788年、1799年两次再版印刷。

不仅海军军官可以在学院接受教育，地方民兵同样能够接受常规军事教育。在西班牙，长期以来都有“一个公认的学术传统，即民兵应该学习数学知识”[②]。除了学习必需的军事和科学知识，民兵还能前往军需部门领取弹药，甚至得到银行的贷款支持，以用于在训练日的日常开支和从住所往返训练地点的路费。每个民兵团每季度至少召开一次训练会议并且开展一次演习，特别是开展射击演习。国王拨付的资金则用于采购武器、用具、营房设备、军鼓、军旗和哨兵装备。可以说，无论是西班牙海军官兵，还是保卫沿海地区

---

① Elena Martínez Oyarzábal, “La actividad editorial de la armada en Cádiz en el siglo XVIII”, *Cuadernos Diectiochstas*, Vol. 21, 2020, pp. 83-105.

② M. Dolores Herrero Fernández-Quesada, “Sistemas de captación e innovación en la formación del militar borbónico. Educación para la guerra”, *Cuadernos Diectiochstas*, Vol. 21, 2020, pp. 107-150.

安宁的民兵，都接受过一定的军事训练，具有相当的作战技能和科学素养。

对于狄奥尼西奥来说，作为一个出生于官宦家庭的西班牙军人，他同样接受过良好的军事教育。当他在海上遭遇法国海军舰队的包围时，其表现出的良好作战技巧，得到了俘虏他的法国军官的认可。尽管在他被俘时雅各宾派的统治已经结束，恐怖时期已经过去，但是在法兰西民族军队建立的背景下，作为军事人才的狄奥尼西奥已不可能被招募入法国军队。不过，他因其军事素养在被俘时依然为自己赢得尊重，并在一定程度上影响了法国军官对待他的方式。

第四节　被俘

自 1793 年秋季起，反法同盟的攻势受挫，但是同盟内部各国之间的联系却加强了。1793 年 9 月 4 日，4 名来自西班牙海运邮政局的官员从拉科鲁尼亚出发，前往英国的法尔茅斯港(Falmouth port)。他们此行的目的，是奉当时掌握西班牙政治和军事权力的阿尔库迪亚公爵(Duke of Alcudia)曼努埃尔·戈多伊(Manuel Godoy)的命令，向英国购买 4 艘军舰。这 4 名海运邮政局的官员联系了两名中间商，负责协助他们前往利物浦(Liverpool)、普利茅斯(Plymouth)等港口，考察舰船情况并与英国人谈判购买价格。自此以后，狄奥尼西奥的工作任务是往返于西班牙和英国之间，负责协助长官处理谈判完成之后的诸多事宜，包括付款、验收船只，以及把购买的舰船安全地开回西班牙。除了本职工作之外，从小接受的良好教育和出身官宦家庭的背景，还使年轻的狄奥尼西奥拥有了高超的社交技巧。他颇受西班牙驻英大使的赏识,多次同大使一起参加英国名流举行的宴会。在被法军俘虏之前,狄奥尼西奥的阅历已不仅限于西班牙国内,他还具有相当的国际视野。这种经历,也在一定程度上使他在日后对法国大革命做出评价时更具说服力。

1793年,在他的4名长官在英国谈判成功后不久,狄奥尼西奥抵达英国。他先是前往法尔茅斯验收船只,随后又前往伦敦,拜见时任西班牙驻英大使坎波(Bernardo del Campo)侯爵。自1783年担任西班牙驻英大使起,坎波侯爵已经在这个位置上工作了10年。在英国期间,坎波侯爵密切地关注法国大革命形势,并且对"自由""平等""博爱"等革命价值观持谨慎支持的态度。[①] 或许,这为他在日后能够出任西班牙驻法大使打下了基础。在同坎波侯爵的交流中,大使的态度也潜移默化地影响着狄奥尼西奥。更巧合的是,在狄奥尼西奥被俘时,他指挥的刚好是与大使同姓的"坎波"号。

在伦敦之行中,除了与坎波侯爵进行深入的交谈,狄奥尼西奥还替侯爵带回一本由英国人送给西班牙国王卡洛斯四世的《诗学》(*Poetics*)。这是一本由亚里士多德(Aristotle)写就的为西方文论奠定基础的著作,[②]是当时牛津大学出版的最新版本。除此之外,坎波侯爵还请他捎带了一些英国人写给阿尔库迪亚公爵的信函,以及送给西班牙军队总司令、第一代联邦伯爵卡瓦哈尔(Luis Firmin de Carvajal, Conde de la Unión)的望远镜和送给阿尔博诺兹

---

① Gonzalo Anes, Jaime Olmedo, Quintín Aldea Vaquero, *Diccionario biográfico español*, Madrid: Real Academia de la Historia, 2009; *Bernardo del Campo y Pérez de la Serna*.

② 参见湖南师范大学中文系外国文学教研室编:《简明外国文学教程》,湖南师范大学出版社1986年版,第4~5页。

(María Francisca Dávila Carrillo de Albornoz)女伯爵的小礼品。[①] 坎波侯爵特意嘱咐狄奥尼西奥，最好能够请求卡洛斯四世国王在收到礼物后书写一封表达喜悦的信，以便大使把这封信展示给英国人看，表现西班牙国王对英国人的善意。在接受了坎波侯爵的教诲和任务之后，狄奥尼西奥作为西班牙海运邮政局新购买的军舰"希望"(La Esperanza)号舰长，将这艘装载了1500桶火药的军舰平安地开回了西班牙。这是狄奥尼西奥往来于西班牙和英国之间、穿越法国海军控制海域的第一次冒险。

在这次冒险的过程中，他碰巧遇到了英国海峡舰队总司令理查德·豪(Richard Howe, 1st Earl Howe)率领的舰队。在一个月之前，豪在韦桑岛(Ushant)附近海域取得俘虏5艘法军舰船、击沉1艘的战果。在这场海战中，法军共有超过4000名士兵被俘、1654名士兵阵亡，但是法军护送美国运输队穿越英国海军封锁的海域进入布雷斯特(Brest)港的军事战略目标完成了。狄奥尼西奥向豪祝贺英军的胜利，并且向上帝祈祷这些法国战俘能够得到较好的对待。他并未预料到，当他在下次经过这片海域时将遭遇法国海军的拦截。

由此可见，狄奥尼西奥不仅肩负军事使命，还肩负外交和商业使命。年轻的狄奥尼西奥当时对执行这一任务应该会感到满意，毕竟相对于执行前往美洲殖民地的任务，前往英国给了他一个接近达官贵人的机会。此时他一定不会料到这项使命最后带给他的落差。事实上，不仅是狄奥尼西奥的任务颇受同僚羡慕，就连他工作的单

① Manuel-Reyes García Hurtado, *Soldados sin historia: Los prisioneros de guerra en España y Francia a finales del Antiguo Régimen*, p. 39.

位——海运邮政局，在建立之初同样备受欧洲各国推崇。“通往西印度群岛的舰船是沟通殖民地和西班牙本土的海上邮差。每个月都有一艘军舰从拉科鲁尼亚出发，也会有另一艘军舰从大洋对岸驶回这里。这是一个史无前例的机构创新，海运邮政局是一个对国家利益和商人利益来说都有利无害的机构。”①

然而，到了1794年，当法军将战争的主要目标转向海上时，狄奥尼西奥自西班牙前往英国的航线变得艰险。战时潜伏的海盗船和封锁英国到西班牙往来海域的法军舰船，成为狄奥尼西奥的主要威胁。共和二年葡月18日（1794年10月9日），同往常一样，狄奥尼西奥驾驶着“坎波”号从拉科鲁尼亚出发，前往法尔茅斯。他此行的目的，是为坎波侯爵带去一些机密文件，涉及解决西班牙政府与英国政府就购买“圣地亚哥”（Santiago）号舰船的贸易纠纷。但是，坎波侯爵迟迟没有等到“坎波”号到来。他在日记中表达了自己的焦急和担忧：“我日夜在英国的海岸上等待它的消息，但是一直杳无音信。我认为它可能落入了敌军之手。但是，我认为更有可能的是‘坎波’号在航行中遇到强风暴，已经沉没于大海中。”②

大使之所以如此重视“坎波”号，除了它所携带的机密文件关系到与英国的贸易纠纷能够胜诉，还在于“坎波”号本身造价昂贵。在海战中俘虏了狄奥尼西奥的法国海军军官维勒马德林（Charles Eusebe L'Hospitalier de Villemadrin）中尉，在于共和二年葡月26日（1794年10月17日）将“坎波”号带至布雷斯特港停靠后，写了一份详细描述该船的报告：

---

① Manuel-Reyes García Hurtado, *Soldados sin historia: Los prisioneros de guerra en España y Francia a finales del Antiguo Régimen*, p. 40.

② Archivo Histórico Nacional, 4249.

> 那艘来自拉科鲁尼亚的“坎波”号，是在我返回布雷斯特的三天前在大西洋上俘获的。船上所载的货箱都贴着封条，我还不知道里面装的是什么，但是我的士兵好像看到他们往海里扔了什么东西。这艘迷人的舰船有3根桅杆，它的舱室装饰有精心雕刻的金色饰边，能够为水手们提供他们能想象到的舒适环境。这艘船是西班牙人从英国人手里购买的，花费了他们3万古德(gourdes)。[1]

能够指挥这样一艘设施齐全的新型舰船，可见狄奥尼西奥在当时备受长官器重。然而，狄奥尼西奥似乎在航行中欠缺了些许运气。在1794年10月9日从拉科鲁尼亚出发后，狄奥尼西奥被风暴耽误了航程，因此他没有选择稳妥地在夜间航行。他冒险让舰船在白天北上，穿越法国海军控制的布雷斯特水域。恰巧，他遭遇了在纽芬兰(Terranova)水域巡航了9个月零7天后返航的6艘法国海军舰船。本来，法国水兵的任务是掠夺英国船只上的货物，俘虏尽可能多的英国商人，借此破坏英国的海上贸易通道。为了迷惑英国人，他们在船上悬挂了英国旗帜。维勒马德林中尉这样解释他悬挂敌军旗帜的行为：

> 鉴于英国人能够认出用法国哔叽制成的旗帜，为了让“菲利布斯蒂尔”(Filibuster)号护卫舰在执行任务时获得更多的优势，建议船队的每艘战舰上都悬挂一面用

① Service Historique de la Marine, BB^4 44, 219r.

英国哔叽制成的英国国旗。这样,我们可以轻松实现抓捕英国俘虏的目标。①

勒马德林中尉俨然“兵行诡道”“兵不厌诈”的代表,他的障眼法使他不仅完成了破坏英国海上贸易通道的任务,还让他额外俘虏了狄奥尼西奥。如果把研究视角拉长,就可以看出维勒马德林中尉是一名海战经验丰富的海军军官。1756 年 2 月 27 日,他出生于法国布列塔尼(Bretagne)大区的海滨城市圣布里厄(Saint-Brieuc),其家族世代航海。12 岁时,他就作为一名普通的见习水手登上商船。之后,他还担任过舵手、信号员、帆船船长。到 1775 年时,未满 20 岁的他已经成为一名商船船长。在美国独立战争期间,维勒马德林加入法国海军,任护卫舰中尉。战后,他一直在法国东印度公司工作。法国大革命爆发后,他重新加入海军,作为一名护卫舰中尉参与了对英国的海战。他的高光时刻除了在布雷斯特附近海域俘虏狄奥尼西奥以及“坎波”号之外,还有在特拉法加(Trafalgar)海战中英勇作战,直至被英国水兵俘虏。维勒马德林中尉作为负责殿后的战舰“迅捷”(Swiftsure)号的舰长掩护法国和西班牙联合舰队撤退,“迅捷”号被英军卡斯伯特·科林伍德(Cuthbert Collingwood)中将指挥的战舰击中,最后在全舰船员伤亡率超过 60%的情况下向乔治·约翰斯顿·霍普(George Johnstone Hope)少将投降。之后,维勒马德林作为战俘被押往直布罗陀(Gibraltar)的战俘营中。1806 年初,维勒马德林被英军释放。拿破仑一世不仅称赞他在特拉法加海战中的英勇表现,还提拔他为荣誉军团的指挥官。

---

① Service Historique de la Marine, BB^4 44, 156r.

面对维勒马德林，狄奥尼西奥驾船安全航行最基本的原则，或许应该是尽量避开法国巡航舰队，就像当年他第一次前往英国带领"希望"号从伦敦返回拉科鲁尼亚时所做的那样。但是，前往英国的路线是预设的，要实现避开法国巡航舰队的目标，除了依靠运气之外，只能依靠船长良好的判断力和警觉性。换句话说，当他们遇到维勒马德林的船只时，要迅速断定对方船只上的英国旗帜是真实的还是陷阱，以便做出迅速逃跑或继续前行的决定。

当狄奥尼西奥遇到维勒马德林率领的舰队时，尽管他有过怀疑，但是最终他显然被对方舰船升起的米字旗欺骗了。狄奥尼西奥对战斗过程这样写道：

一名水手告诉我，有3艘船迎着风、冒着瓢泼大雨从地平线上向我们驶来。他请我过去看看。听到这个消息，我从椅子上站起身，爬上桅杆，看到东北方向有几艘船升起风帆，全速向我们驶来。尽管海军军官学校教给我的理论和多次演习的实践都告诉我，应该尽可能地远离潜在的敌人，但是这一切都像是纸上谈兵。这是因为我没有下令调转船头以摆脱它们对我们的追踪，而是命令水手驾驶船只前去与他们打个照面。

不一会，他们迎上我们，在我们的旁边升起了英国国旗。作为回应，我也升起了西班牙国旗。当他们意识到他们的军力远远强于我们时，他们升起了真正的国旗：共和国的三色旗。下午4点，在隆隆的炮声中，我只能选择投降。于是，我被迫把西班牙国旗降下来。这时，尽管我很匆忙也很慌张，但是我还是设法让水兵从右舷把资料抛到了海里。①

狄奥尼西奥没有想到敌人会使用“改旗易帜”的伎俩，因此他命令舰船从法军舰队中穿行过去。错误判断的后果，就是他的舰船被6艘法军军舰包围。对狄奥尼西奥更为不利的是，他与法国人相遇的时间恰临在下午。换句话说，狄奥尼西奥在发现自己误判敌人的企图后无法依靠夜色顺利逃离。尽管如此，狄奥尼西奥在受到法军舰队的追赶和威逼时依然没有退缩，带领船员坚持战斗了三个半小时。维勒马德林中尉在报告中描述了战斗的细节：

> 共和二年葡月20日（1794年10月11日）下午2时30分，我看到一艘从西南方向向北航行的舰船。海风有些刺骨，我们逐渐从远处向这艘舰船靠近，始终让它保持在我们的视线范围内。下午4时，“夏朗德”号护卫舰向它开炮，迫使它降下了旗帜。海面波涛汹涌，我们很难靠近它以完成最后的登船。最终，在再次做好登船准备之后，我派船员弗里兹（Frise）带领其他水手去俘虏他们。那是一艘名为“坎波”号的西班牙舰船，它此行是从拉科鲁尼亚驶往英国。战斗持续到下午6时，我下达了最终的登船命令。到晚上8时，一切都平静了下来。②

作为一名军人，面对被6艘法国军舰包围、无路可逃的情况，狄

① Manuel-Reyes García Hurtado, *Soldados sin historia: Los prisioneros de guerra en España y Francia a finales del Antiguo Régimen*, pp. 99-100.

② Service Historique de la Marine, BB^4 44, 212v.-213r.

奥尼西奥没有选择退缩。他运用自己所学的航海知识，与占据火力和航速优势的法国军舰对抗。在短短的一个下午，狄奥尼西奥需要做出两次至关重要的判断。在第一次判断中，他把东北方向突然出现的法国军舰判断为友军的船只，这间接导致了人员和船只的被俘；在船只被包围且无路可逃时，狄奥尼西奥还要在死战与投降之间做出抉择。

或许，对于18世纪的西欧军人来说，战斗到最后一刻投降并不是可耻和罕见的事，但是对于西班牙军人来说，他们必须评估向法军投降可能带来的风险。这是因为早在共和二年热月24日(1794年8月11日)，法国国民公会对外颁布法令："共和国军队对查理四世(Charles Ⅳ)的军队必须换一种做法：自今日起不再接受西班牙军人的投降。"[①]这项代表对西班牙战俘格杀勿论的法令，很快传到西班牙人的耳中。因此，狄奥尼西奥回忆起舰船将倾的那一刻船员们对投降的抗拒：

> 有的人在抱怨自己倒霉，居然在大白天遇到法国海军；有的人在和自己的妻子与孩子诀别；有的人对我说："先生，他们在装炮弹，他们要把我们扔到海里去，因为我在西班牙听说他们不接受任何西班牙战俘的投降"。毫无疑问，这些抛弃天主教，屠杀自己的国王、王后、王室成员以及无数无辜同胞的法国人，如果他们对我们也做同样的事，这并不会使我们感到奇怪。另外，我们的船上有187名法国神父，他们互相忏悔，请

① Sous la direction de Aline Alquier et Françoise Brunel, *Archives parlementaires de 1780 à 1860*, première série, Vol. 94, Paris: Institut d'histoire de la Révolution française, p. 486.

求上帝宽恕他们的罪行。他们对我说:“在落在他们的同胞手上几个小时之后,我们的喉咙就会被割断。”①

不过,狄奥尼西奥不相信西班牙船员和法国流亡神父的话,他在一番思想斗争之后最终选择了投降,因为他认为罗伯斯庇尔已经被处死,恐怖时期已经过去。他命令水手把帆收起,命令舵手让船原地打转,然后换了一身干净的军服,在甲板上等待法国军官们的到来。狄奥尼西奥像一个骑士一样向法军投降。他认为自己的行为符合军人的荣誉,因为在西方式战争文化中军人以抵抗至最后一刻成为战俘为荣。然而,他又是聪明甚至是狡猾的,当受俘的法国军官询问他派人向海里扔了什么东西时,他回答说:“只是一些空箱子,因为有些英国人在三天前把箱子里的信件都拿了出来,然后带着信乘坐他们的船先行离开。”②

由此可见,在18世纪末,交战双方“堂吉诃德式”的骑士文化几乎荡然无存,兵不厌诈同样充斥于西方式战争中。事实上,如果仔细推敲狄奥尼西奥的供词,就可以发现其中颇为可疑的破绽。因为西班牙人无论如何也不可能在被俘前最危险的时刻念念不忘一些无关紧要的“空箱子”,贴满了密封条的箱子里一定放着西班牙与盟国英国之间往来的机密文件。然而,面对狄奥尼西奥的狡辩,在战术上计策颇多的维勒马德林既没有过多地为难他,也没有像共和二年热月24日法令要求的那样杀害他。“他满足于这个回答,命令我

① Manuel-Reyes García Hurtado, *Soldados sin historia*: *Los prisioneros de guerra en España y Francia a finales del Antiguo Régimen*, p. 101.

② Manuel-Reyes García Hurtado, *Soldados sin historia*: *Los prisioneros de guerra en España y Francia a finales del Antiguo Régimen*, p. 102.

去他的房间休息。我一直待在房间里，直到晚饭时间……当夜幕降临时，所有的军官都走进我的房间，我和一个葡萄牙人聊了一会。开始吃饭时，舰队司令叫我坐在他右边。我们和法国军官一起吃晚饭，他们感到很高兴。”①

作为一名军官，狄奥尼西奥受到维勒马德林中尉的优待。船上一共有 180 多名英国战俘，还有几位船长，但是只有狄奥尼西奥享有在房间里吃饭的特权。晚餐后，相较于普通战俘被安排睡在船板上，狄奥尼西奥得到一个床垫和一条毯子。和大革命时期法国军队残酷对待被对待俘虏的旺代叛军士兵一样，奉劝狄奥尼西奥不要投降的法国流亡教士受到法国士兵的特别对待。他们被来自家乡的同胞日夜羞辱，每个人都用上断头台来威胁他们。即使是最年轻的法国服务生，他们也故意弄脏流亡教士睡觉的地方，并说：“这就是你们在法国应得的住处。”②或许，在法国革命者看来，叛徒比异族敌人更可恨。

然而，对于狄奥尼西奥来说，被俘伊始在海上的“舒适”时光毕竟短暂，他们终究要登陆。共和三年雨月 16 日（1794 年 11 月 6 日），狄奥尼西奥终于踏上法兰西共和国的土地。彼时，法国大革命中的恐怖时期已经过去，作为外国战俘，狄奥尼西奥在热月党人的统治下又将会遭受怎样的命运？

① Manuel-Reyes García Hurtado, *Soldados sin historia: Los prisioneros de guerra en España y Francia a finales del Antiguo Régimen*, p. 102.

② Manuel-Reyes García Hurtado, *Soldados sin historia: Los prisioneros de guerra en España y Francia a finales del Antiguo Régimen*, p. 103.

第五节 “破冰之旅”

共和三年雨月16日(1794年11月6日),维勒马德林中尉的舰队抵达布雷斯特。身处一个被西班牙政府宣传为充满弑君者的国家,狄奥尼西奥的心情一定非常不安,如同他在被俘后的天气,由被俘时的大雨滂沱转为阴雨连绵。① 就在这样的天气下,战俘们怀着同样阴沉的心情,被法国海军士兵带下船。

按照共和二年获月29日(1794年7月17日)法令的规定,所有被布雷斯特海岸方面军俘虏的战俘都要被送到位于伊勒-维莱讷省(Ille-et-Vilaine)省府雷恩市(Rennes)的战俘聚集地,等待战争委员下达将战俘分配往各市镇的命令。当船停靠到法国的海岸后,狄奥尼西奥最先感受到的是法国大革命价值观中的“平等”。换句话说,他失去了作为军官所能受到的优待。10月14日,狄奥尼西奥的行李被法国士兵以“检查”的名义洗劫,最后只给他留下几件衬衫、外套、内衣和几本书。15日,战俘们被转移到一艘隶属于法国东印度公司的护卫舰上。在这艘军舰上,还关押着来自其他不同国家的500多名战俘。狄奥尼西奥发现:“在这里,所有人都被以相同方式对待,军官和士兵的待遇相同。所有人都睡在地板上……我们每人每天可以得到1磅面包。下午4时,我们每人还能够领取1碗肉汤。”②

狄奥尼西奥在这个装载有500多人的拥挤的船舱里待了21

① Service Historique de la Marine, BB^4 44, 219r.

② Manuel-Reyes García Hurtado, *Soldados sin historia: Los prisioneros de guerra en España y Francia a finales del Antiguo Régimen*, p. 104.

天。在此期间，相较于被剥夺作为军官的特权，他更担心罹患传染病。如同法国战俘在被帝国军队押往匈牙利的路程中不少人因为患病去世，法国政府在预防传染病方面做得也不够好。战俘营中出现传染病的报告屡见不鲜。在科多尔省（Côte-d'Or），省政府曾经报告第戎的战俘营中出现迅速蔓延的流行病；[①]而在共和三年霜月17日（1795年12月7日），在战俘营中担任翻译的法国公民普雷特利（Pretelly）向第九委员会报告，被关押在索姆省的患病战俘数量迅速增加，疾病在战俘营中迅速传播和蔓延。因此，他请求蒙迪迪耶镇（Montdidier）的政府官员将患病的战俘送到巴黎医治。[②]

战俘营中传染病肆虐，一方面是由于密集拥挤的关押环境，一旦有战俘罹患流行病，疾病会以比在开放空间中更快的速度在战俘中间传播；另一方面则在于战俘营条件普遍较差，没床、卫生条件差、配套设施不完备、监禁环境恶劣，[③]还有令人难以忍受的气味。[④]另外，和狄奥尼西奥一样，战俘通常会在被俘之初被法军士兵以"检查"行李为名洗劫，只给他们留下几件贴身衣物，这在一定程度上影响了战俘的个人卫生，加剧了流行病的传播。共和三年雨月4日（1795年1月23日），一批被释放回国的西班牙军官在离开法国前向救国委员会呈交陈情书，讲述他们在被俘时被抢劫的经过，特意指出他们的马匹被法国人强行掳走，希望法国政府能够以金钱赔偿。[⑤] 甚至连一些与法军将领私交甚笃的高级战俘也难免被洗劫

① Archives nationales, F/17/1009/C, 2372.

② Archives nationales, AF/II/230, 1986, 8.

③ Archives nationales, F/14/2151.

④ Archives nationales, AF/II/230, 1984, 31.

⑤ Archives nationales, AF/II/230, 1986, 57.

的命运。例如，普鲁士战俘洪佩施(Hompesch)上校因与儒尔当(Jean-Baptiste Jourdan)将军有私交而备受法国政府优待，但他在被俘伊始同样被法军士兵抢去了“行李、七匹马以及马车上所有的钱”。士兵们甚至连洪佩施的“衣服、亚麻布料、军服和一些零钱”也不放过，还夺走了“三四把军刀，其中至少有一把是配备了银制刀鞘的军刀”①。

然而，并不是所有的战俘都像洪佩施一样与先后担任桑布尔-莫兹方面军和摩泽尔方面军总司令的儒尔当将军有私交，绝大多数战俘和狄奥尼西奥或者在被释放时才敢于向法国政府申诉的西班牙战俘一样，不敢向“检查”行李的法军士兵提出抗议。狄奥尼西奥甚至对法军士兵给他留下几件衣服、几本书感到满意。不幸的是，狄奥尼西奥还遭遇了二次洗劫。在从布雷斯特前往雷恩的路上，他的行李再次被法国士兵打开检查。这一次，他损失了一件军服、一件外套、一条黑色裤子、一件圆领背心、一件蓝色上衣、一顶帽子。狄奥尼西奥在信中对法国士兵的行为进行了讽刺:“有一位军官打开我的包裹。在看到我的军服之后，他赶快把它塞到自己的衣服里。”②可以说，大革命中的法兰西共和国留给战俘的第一印象并不美好。

尽管被反法同盟军队俘虏的法国士兵也要被分配到远离法国的地区安置，如同被帝国宫廷安置在塞格德的法国战俘，以及被西班牙联邦伯爵安置到偏远省份的在科利尤尔战役中被俘的法国士兵，但是需要指出的是，从战俘国籍的角度来看，法国战俘国籍单

---

① Archives nationales, AF/II/230, 1986, 71.

② Manuel-Reyes García Hurtado, *Soldados sin historia: Los prisioneros de guerra en España y Francia a finales del Antiguo Régimen*, p. 107.

一，即所有被反法同盟军队俘虏的士兵都是法国人。然而，在法国，由于敌对国家的多样化，战俘营成为来自西班牙、英国、荷兰、葡萄牙、普鲁士等国家的士兵共同居住的地方。这就导致战俘群体内部存在按照不同国籍划分的不同派别或者组织。我们可以想象，军事行动本身就是高度暴力行为，战俘营和监狱一样，本来就是雄性荷尔蒙弥漫的场所。如果数量众多的出身不同、国籍不同、背景不同的士兵混杂在一起，他们中间争吵、打架和斗殴一定是常见的事。战俘之间的拉帮结派、彼此争斗，如同监狱中的囚犯互殴一样，成为令战俘营的法国看守感到棘手的难题。

在法国东印度公司的护卫舰上，狄奥尼西奥与其他500多名来自欧洲其他国家的战俘共处，等待着被押往雷恩的命令。他后来在书信中写道：当有人告诉他可以离开被充当临时战俘营的护卫舰时，他“感到非常高兴，因为终于可以离开这个可怕的地狱”[①]。但是，他没有想到的是，这却是另一次充满艰辛的“破冰之旅”的开始。

共和二年获月29日法令第9条规定：“押送外国士兵的队伍不得超过50人。同时，战俘和外国逃兵不能混编在同一个队伍中。”[②]从狄奥尼西奥的经历来看，布雷斯特的法国军人严格执行了这一规定。押送狄奥尼西奥前往战俘聚集地雷恩的队伍由50名来自不同国家的战俘组成，有西班牙人、英国人、荷兰人、葡萄牙人和意大利人。另外，战俘的军衔和军种也各不相同，军官与普通士兵、海军水兵和陆军士兵混编。或许，在法国人看来，这些外国人在国籍和军种上对于他们来说没有什么特殊意义，这些外国人的身份只有一

① Manuel-Reyes García Hurtado, *Soldados sin historia : Los prisioneros de guerra en España y Francia a finales del Antiguo Régimen*, p. 104.

② Archives nationales, AF/II/206, 1746, 6.

个，那就是战俘。

对于狄奥尼西奥来说，在被押往雷恩的旅途中，真正令他感到烦恼的不是与身处同一支队伍的其他国家战俘的关系，也不是来自法国看守的严格管理，而是旅途的艰难。换句话说，是布雷斯特距离雷恩的距离、难以通行的道路状况以及恶劣的天气条件。对于习惯了四季温暖且阳光明媚的西班牙人来说，布雷斯特以及雷恩所在的布列塔尼大区的温带海洋性气候，以及在湿冷的气候和连绵不断的阴雨中结冰难行的道路，让狄奥尼西奥颇感到难以忍受。

自 1783 年起，法国先后经历了三个最寒冷的冬天，分别是 1783～1784 年、1788～1789 年和 1794～1795 年。第一个寒冬的特点是连续不断的降雪。法国北部的降雪持续了三个月，巴黎在 1783 年 12 月 30 日、1784 年 1 月 30 日和 1784 年 1 月 31 日观察到的最低气温都达到了零下摄氏 19.1 度。第二个寒冬的特点是早寒。1788 年 12 月寒冷的强度超过有记载以来法国的历史极值。第三个寒冬就是狄奥尼西奥在法国亲身经历的，它表现为持续且普遍的严寒，从法国南部到北部，从 11 月到次年 2 月，整个冬天都笼罩在寒冷之中。[①]

① Emmanuel Le Roy Ladurie，“Révolutions，le déclic climatique”，*Les Grands Dossiers des Sciences Humaines*，No. 25，2011/12，p. 22；Emmanuel Le Roy Ladurie，Daniel Rousseau，Jean-Pierre Javelle，*Sur l'histoire du climat en France depuis le XIVe siècle*，Paris：Météo et climat Société météorologique de France，2017，p. 28.

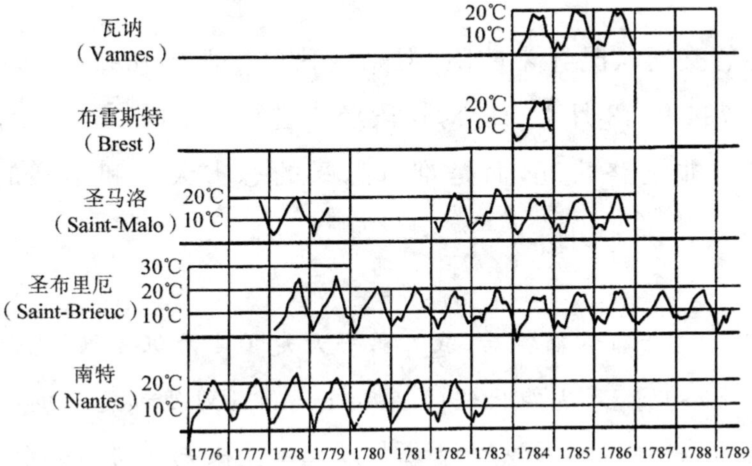

图 3-2 1776～1789 年布列塔尼大区年平均气温

严寒、冻雨、结冰带来的是战俘押解之路的无比艰难。在狄奥尼西奥等 50 名战俘被押往雷恩的同一时期，有一名法国特派员也从布雷斯特前往雷恩公干。他后来详细描述了这段旅程的艰辛，这份史料从侧面告诉我们战俘在路途中可能经历的危险：

> 在整个菲尼斯泰尔省(Finistère)，冬天道路都是无法通行的深渊：马车被撞毁，每天都有马、牛和人因交通事故而致残。我穿过一个又一个水坑，我的马匹似乎学会了在水坑中游泳。大水漫过了我的胸口。一不留神，就会陷入覆满泥灰的沼泽地，一旦陷进去就很难出来。一种黄色的土壤通常呈现出坚硬、干燥的外观，这是迫使动物必须凭借本能和经验避开的陷坑。[①]

① Jacques Cambry, *Voyage dans le Finistère, ou état de ce département en 1794 et 1795*, Vol. 1, Paris: Imprimerie-Librairie du Cercle-Social, 1798, pp. 42-43.

尽管交通状况异常凶险，但是当狄奥尼西奥在共和二年霜月24日(1794年12月14日)对这段经历进行回忆时，最令他印象深刻的却并非道路状况，而是难以忍受的恶劣天气和糟糕的居住条件：

> 离开布雷斯特后，我在第一天走了4西班牙里(约合2.2公里)，到达朗代诺(Landerneau)。到处都是水坑和沼泽地，泥水没过我的膝盖。在冬季无休无止的雨水中，他们有必要给已经一整天没有吃东西的我们提供足够数量的面包。但是，他们全天给我们提供的面包数量比在船上时还要少。在这个漫长而暴风雨肆虐的冬夜里，我们只能寄希望获得一个舒适的住处。实际情况恰恰相反，我们被法国士兵带到一个农舍里。首先映入眼帘的是三匹马。这是因为，我们将要过夜的这个肮脏的农舍，准确的说是个马厩。我向押送我们的军官提出抗议。我声明我是军官，因此需要一个干净的住处。但是，他告诉我他没有收到额外的命令以为我提供其他住所。最后，他对我吼道，法国是"平等而自由的"。在争吵之后，他转身离开了。
>
> 我们的行军队伍由50名战俘组成，包括西班牙人、英国人、荷兰人、葡萄牙人和意大利人。我们被关在马厩里，没有收到更多的食物，也没有获取更多食物的希望。他们从外面将我们关起来，把我们像猪群一样留在农舍里。臭气熏天的马厩、流过马厩的雨水，还有异常寒冷的

天气，我们不知道该把提供给我们睡觉的茅草铺在什么地方。[①]

离开朗代诺时，狄奥尼西奥的行李第二次被法国军官洗劫。这一次，法国士兵只给他留下身上所穿的单薄的衣服。当战俘队伍又走了4西班牙里到达莱斯讷旺镇(Lesneven)时，狄奥尼西奥等战俘领取到24盎司的面包，还有30苏的生活费。根据共和二年获月29日法令的规定，战俘每人每日可以领取法国政府提供的10苏生活费和24盎司的面包配额。在实际执行中，相较于陆军战俘，海军战俘可以领取的生活费更多，每人每日可以领取20苏。[②] 从政策执行的角度来看，法军士兵在生活费和面包配额方面严格执行了法令规定，不仅为战俘补发了自下船之日起共计3天的生活费，还每日为战俘提供法令规定的面包配额。

在风雨中和冰面上艰难前行了11天后，狄奥尼西奥一行战俘终于到达雷恩。按照获月29日法令要求，狄奥尼西奥同其他战俘一样戴上标有字母“E”的袖章，接受法国公民的监视。在雷恩，战俘停留的时间并不长。战争委员需要按照法令规定在尽可能短的时间内确定战俘最终被安置的场所。狄奥尼西奥很快将会得知他未来一年的定居之所。

---

① Manuel-Reyes García Hurtado, *Soldados sin historia*: *Los prisioneros de guerra en España y Francia a finales del Antiguo Régimen*, pp. 106-107.

② Archives nationales, AF/II/231, 1995, 37-38.

第六节　分配战俘

经过11天的路程，狄奥尼西奥在寒风中抵达雷恩。然而，雷恩并非指定给主要负责与西班牙军队作战的比利牛斯方面军的战俘聚集地。换句话说，相对于西班牙战俘聚集的法国西南部，如在法国大革命期间关押了大量西班牙战俘的图卢兹（Toulouse），狄奥尼西奥在雷恩的西班牙战友数量不多，他很有可能被分配到一个关押着大量英国战俘的战俘营里。不过，对战俘的分配在一定程度上又没有完全按照地域管辖规则执行。这是因为，当获月29日法令被颁布和执行时，法国并没有多少市镇做好接收战俘的准备。另外，随着法国在1794年底将战争的矛头主要对准英国和西班牙，分配给布雷斯特海岸方面军的2个省12个市镇完全不足以容纳数量逐渐增多的战俘。按照法令规定，每个市镇所能容纳战俘的数量不得超过150人，也就是说，整个布雷斯特海岸方面军的辖区内只能接收1800名战俘，这甚至还不及法军在施派尔战役中俘虏敌军士兵的数量（2000人）①。由于布雷斯特海岸方面军主要负责与英军作战，因此被该方面军俘虏的狄奥尼西奥大概率会被分配到一个主要安置英国战俘的城镇。但是，令狄奥尼西奥感到庆幸的是，布雷斯特海岸方面军辖区内的战俘人满为患，因此他仍有可能与西班牙战友会合，被分配到一个西班牙战俘较多的地区。

---

① *Le nombre des tués hessois*, http://www.spanishsuccession.nl/speyerbach.html.

实际上，早在狄奥尼西奥被俘前，救国委员会就已经意识到过多战俘聚集于大西洋沿岸带来的安全问题。共和二年热月 21 日(1794 年 8 月 8 日)，救国委员会致信布雷斯特海岸方面军指挥官："救国委员会注意到在布雷斯特海岸方面军所管辖范围内，各战俘营中关押着大量战俘。同时，海岸上还有太多的战俘没有被分配和安置。你们会在附件中收到两份共和二年获月 29 日法令副本，上面列明了全国所有可以分配和安置战俘的公社。因此，你们不得浪费时间，要指挥军队迅速采取措施安置战俘。在具体施行时可以打破管辖规则，把战俘分配到该法令列出的任意安置地点。"① 布雷斯特海岸方面军的战争委员，成为少数被授权可以在全国范围内分配战俘的官员。

战争委员先是把狄奥尼西奥安排在法国西北部的勒芒(Le Mans)。一个月后，战争委员把他最终安置到法国中部的沙特尔(Chartres)。相较于勒芒，尽管两地气温相差不大，但是对于生活在阳光明媚地区的西班牙人来说，沙特尔的年降水量更少，气候更为干燥。干燥的气候、充足的日光，除了远离海边和气温较低之外，狄奥尼西奥一定会觉得这里相比于阴冷多雨的法国北部地区更容易适应和宜居。

狄奥尼西奥被俘时所在的法国西部，以及他从布列塔尼大区前往沙特尔的路线，在地理上邻近爆发动乱的旺代省。在法国大革命时期，法国西部地区始终是王党分子和流亡贵族聚集的大本营。甚至直到 1795 年，布列塔尼大区的民众还很少说法语。也正因为此，狄奥尼西奥在勒芒只待了一个月就不得不踏上前往沙特尔的路程，

① Archives nationales, AF/II/230, 1984, 30.

这是因为“有人怀疑旺代叛军的余党想要再次发起叛乱，战俘有可能成为他们的支持者”①。

也许，正因为法国西部地区的民众在一定程度上较为同情战俘，狄奥尼西奥在勒芒受到法国民众的热情招待。他不仅得到舒适的床位，还分得了床垫、床单、毛毯和抱枕。他写道：

> 我感到非常高兴，因为我终于能够脱下衣服，躺在梦寐以求的床上。实际上，我只有一件衬衫，而且我都不知道它原本到底是什么颜色。它是那么脏、那么黑，代表我曾经的痛苦，就像它在过去的一个月里没有被脱下来过一样。我在床上躺了整整三天。这是因为除了我感到幸福之外，还因为我没有别的衬衫可穿。我把我的衬衫洗了，但是它一直没有晾干。我的狱室里有八个人，大家每天都把生活费放在一起，用来购买卷心菜、萝卜、胡萝卜、鸡蛋和油。②

当狄奥尼西奥在一个月后接到离开勒芒的命令后，他显得颇为不舍。这种不舍一方面源于当地良好的生活设施，另一方面源于狄奥尼西奥已经与当地民众结下一定的友谊：

> 出于各种原因，我们再次收到重新踏上迁居路程的

---

① Manuel-Reyes García Hurtado, *Soldados sin historia: Los prisioneros de guerra en España y Francia a finales del Antiguo Régimen*, pp. 113-114.

② Manuel-Reyes García Hurtado, *Soldados sin historia: Los prisioneros de guerra en España y Francia a finales del Antiguo Régimen*, p. 111.

> 命令。这里的好处主要有三点：一是我们在其他任何地方都找不到比这里更舒适的床；二是当地居民告诉我们，相比于法国其他市镇，这里的蔬菜种类最为丰富、价格最为便宜；三是我们在这里遇到的人和事。我每天都去一位法国公民的家里做客，我们一起读《法兰西国家公报》(*Gazette Nationale de France*)，他偶尔也会邀请我喝点酒或者吃点东西，让我得以恢复活力。①

出乎狄奥尼西奥意料的是，热情并不只是勒芒民众的特例。当战俘队伍来到萨尔特河畔的博蒙(Beaumont-sur-Sarthe)时，当地居民为战俘们点起了篝火，以便战俘能够感到温暖。他们还给战俘带来大量的面包、黄油和一大罐苹果酒，以至于当狄奥尼西奥在第二天早上离开时他特意同款待他的法国公民告别，并且“用两个吻来回报他，因为这是乡村的时尚。”②

在狄奥尼西奥的信中，他接受来自法国西部居民的帮助最多，这或许可以从侧面表现出布列塔尼及其邻近地区的民众在心理上并没有完全认同法国大革命“共和化”，他们还受到王党分子的驱使。事实上，即便在法国军队中，也属布列塔尼籍逃兵数量最多，甚至有的军团中“来自布列塔尼大区的士兵全都逃跑了，只剩下一位长官。”③这些逃兵回到家乡后，也会被当地的民众保护起来，以避免其被市政官员逮捕。尽管旺代叛乱被镇压，但是法国西部地区的

---

① Manuel-Reyes García Hurtado, *Soldados sin historia*: *Los prisioneros de guerra en España y Francia a finales del Antiguo Régimen*, p. 114.

② Manuel-Reyes García Hurtado, *Soldados sin historia*: *Los prisioneros de guerra en España y Francia a finales del Antiguo Régimen*, p. 115.

③ Archives nationales, AF/II/231, 1992, 17-21.

民众仍然在零散地消极对抗着革命信条，甚至还有小股势力公开地与法国军队作战。在狄奥尼西奥经过的地方，他不时看到一些顽固的教士继续主持宗教圣事，一些不识字的农民集体起来抵制当地政府关闭教堂的决定。作为一个来自极其推崇天主教、由波旁家族分支统治的王国的战俘，狄奥尼西奥在情感上或多或少与当地民众更加亲近，恋恋不舍地踏上前往沙特尔的道路。

第四章　战俘在法国的生活

第一节　住房

按照共和二年获月 29 日法令规定，战俘到达安置地后将主要被关押在当地政府管理的建筑物中。法令中提到的建筑物，通常是指当地的宗教建筑，如修道院和教堂。这是因为这些宗教建筑既不是当地政府或者议会所在地，又具有封闭、安全、牢固的特点。

对于狄奥尼西奥来说，无论在雷恩还是在他的第一个安置地勒芒，抑或是在阿朗松[①](Alençon)，他都居住在世俗化的教堂和修道院里。可能是出于这个原因，也可能是狄奥尼西奥来自天主教信仰氛围浓厚的西班牙，他非常关注革命者与宗教的关系。狄奥尼西奥

---

① 阿朗松，一座位于法国西北部的城市。从西向东经过这里即进入了传统意义上的法国内陆地区。当狄奥尼西奥等战俘即将离开法国西北部时，他们需要在此接受检查，等待被批准进入法国内地的命令。因此，狄奥尼西奥等一行战俘在此地度过了差不多一个半月(1794 年 12 月 21 日至 1795 年 2 月 9 日)的时光。

在与其他西班牙战俘的通信中，多次提到宗教、寺庙、神职人员，以及天主教信仰于热月政变后在法国的恢复。值得注意的是，一名被俘于 1793 年 10 月的西班牙战俘在给狄奥尼西奥的信中提到他们于热月政变后在战俘营中建了一座祭坛，并声称他们每天都做弥撒。在信中，狄奥尼西奥的战友写道：

> 法国人把我们关押在一个由修道院改建的战俘营中。我们的狱友中有一个来自葡萄牙的牧师，他也是一名战俘。在战俘营里，我们建造了一个远近闻名的祭坛，我们每天都做弥撒。水手们被关押在卡斯蒂永（Castillon），他们有行动自由。①

祭坛在战俘营中建成，以及战俘每日都可以在祭坛前做弥撒，绝不只是由于战俘营看守的同情心或者监管不力，而是在于热月政变后法国宗教信仰大环境的变化。一方面，相较于雅各宾派政府，督政府对天主教信仰的管制有所放松；另一方面，法国民众同样没有忘却天主教信仰。特别是在法国农民的心目中，天主教仍然具有崇高的地位。在此背景下，法国看守默许了战俘的宗教活动。宗教建筑不仅为法国政府提供了关押战俘的场所，还为战俘提供了从事宗教活动的场所。

除了宗教建筑，第二类被法国政府用于充当战俘营的建筑物是民用房屋。相对于戒备森严的修道院和教堂，民用房屋更受战

① Manuel-Reyes García Hurtado, *Soldados sin historia: Los prisioneros de guerra en España y Francia a finales del Antiguo Régimen*, pp. 126-127.

俘的欢迎。但是，能够居住在法国公民家中的战俘数量较少。一是因为通常只有未修建宗教建筑的小城镇会把战俘安置在民用住宅中，二是因为能够提供给政府充当战俘营的民用房屋很少，要么是当地的客栈，要么是流亡贵族或者受其牵连的亲属的房产，要么是雇用战俘工作的法国雇主。在前两种情况下，这些住宅一般被当作临时安置战俘的场所。在这方面，狄奥尼西奥无疑是幸运的。在沙特尔的半年多时间里，他始终被安置在民用住宅里，过着形同假释的生活。相比之下，更多的战俘无法享受长期居住在法国公民家中的待遇。例如，共和二年风月（1794 年 2 月），有两名西班牙战俘被押送到阿列河畔的维克（Vic-sur-Allier），他们先是被临时安置在一间客栈里，但是不久之后他们就被送往戒备森严、由教堂改建的战俘营。

此外，如果战俘要长期住在法国公民家里，他们就必须满足多个条件：在战俘营中平时表现良好，具备一定的工作技能，被法国公民雇用从事劳动。所以，他们一般成为法国人的雇员，特别是手工业者或者是家庭佣人。例如，住在法莱斯（Falaise）的英国战俘罗伯特·大卫（Robert Davis），他精通英国纺织品制作技术，并且行为举止良好。这使得他不仅能够住在法国雇主的家里，而且与法国雇主结下深厚的友谊，以至于雇主向法莱斯镇政府提出申请，希望允许他定居法国从而为自己工作。①

除了住宿条件以外，战俘营所在的位置对于法国政府和战俘两方来说都很重要。对于法国政府来说，建立战俘营与管理战俘最根本同时也是最基本的任务就是防止战俘逃跑。为此，政府通常会考

---

① Archives nationales, AF/II/229, 1975, 30-32.

虑能够改建为战俘营的教堂、修道院、民用住宅等建筑物所处的地形条件。例如,教堂通常远离各个市镇的政治中心,有助于确保政府安全和人民生活安宁。共和二年热月 21 日(1794 年 8 月 8 日),伊苏瓦尔(Issoire)市政府在向上级汇报战俘管理工作的信件中写道:当他们得知来自朗德勒西(Landrecies)的 60 名战俘抵达后,他们立即考察了当地所有能够安置战俘居住的建筑,最后决定把战俘安排在圣玛丽村(Sainte-Marie)附近,因为“这里是宪兵队驻地。让战俘居住在这里,有利于他们时刻接受宪兵的监督。因此,这里是最适合战俘居住的地点”①。

对于战俘来说,战俘营的地理位置对他们来说同样重要。这是因为,18 世纪的西方人坚持认为来自家乡的空气和水是生命与健康的源泉,战俘尽可能地希望自己被安置在靠近祖国的地方。在这方面,似乎习惯了地中海的阳光沙滩的西班牙战俘格外注意战俘营的位置。在法国国家档案馆保存的史料中,关于西班牙战俘因为不能适应被关押地的气候出现健康问题的陈情书比比皆是。对于狄奥尼西奥来说,或许是因为年轻,或许是因为地处法国中部的沙特尔本来就是法国最为少雨干燥的地区,总之他适应不同气候的能力明显超过他的同僚。对于狄奥尼西奥来说,对他造成更大困扰的是沙特尔冬季的低温和战俘营中不甚良好的御寒条件。

---

① Archives départementales, L4506.

第二节 生活费和面包配额

狄奥尼西奥在与同僚的通信中多次提到法国日益严峻的商品短缺,并在书信中详细地描写了1795年法国物价上涨的情况。在食品这一项,他注意到面包在7月的价格相比2月涨了9倍,肉类和酒的价格涨了5倍。此外,取暖御寒所用木材的价格也急剧上涨。除了生活必需品,他还认为工业制成品的价格增长更快。狄奥尼西奥以鞋子为例予以说明,鞋子的价格从18里弗尔猛涨到90里弗尔到100里弗尔之间。狄奥尼西奥将1795年7月的物价与同年2月的物价进行了比较(见表4-1)。

表4-1 1795年12月与7月法国物价对比

物品名称	1795年2月		1795年7月	
	里弗尔	苏	里弗尔	苏
1磅面包	1	4	1	15
1磅肉	1	0	1	6
1磅培根	1	5	1	14
1磅用于做饭的油	9	0	40	0
1磅用于照明的油	4	0	30	0
1磅黄油	2	10	12	0
1磅盐	0	10	1	15
1磅肥皂	8	0	40	0
1瓶酒	1	0	6	0

资料来源:Manuel-Reyes García Hurtado, *Soldados sin historia*: *Los prisioneros de guerra en España y Francia a finales del Antiguo Régimen*, p. 134。

狄奥尼西奥在信件中还详细列出了他本人在经济危机下的日

常生活开支和饮食情况(见表 4-2)。

表 4-2　狄奥尼西奥的日常开支与饮食情况

日常开支与饮食	里弗尔	苏
火柴	0	15
一小块牛肉腿	1	0
蚕豆	1	10
盐	0	3
晚上吃的沙拉	0	10
做饭用的油	0	10
醋	0	2
每餐必备的酒,可以斟满 6 个 6 磅重的杯子	2	0
照明用的油	0	7
每天必来一次的洗衣女工	0	3
剃须皂等其他费用	0	3
合计	7	3

资料来源:Manuel-Reyes García Hurtado, *Soldados sin historia: Los prisioneros de guerra en España y Francia a finales del Antiguo Régimen*, p. 134。

狄奥尼西奥在信中写道:“这是我必不可少的开支。”[①]显然,在沙特尔时,狄奥尼西奥的生活并不算太差,甚至每天晚上他都可以喝上几杯酒,还可以吃上牛肉,在沙拉里撒上醋和盐来调味,甚至相比于初到勒芒时同英国战俘争抢水井洗漱,以及自己在洗完衬衫后因为无衣可穿三天没有下床的拮据,此时他还可以每天叫洗衣女工上门为他洗衣服。换句话说,狄奥尼西奥不仅有了换洗的衣服,而且至少每天可以换一次衣服。除了表 4-2 中所列的支出之外,狄奥

① Manuel-Reyes García Hurtado, *Soldados sin historia: Los prisioneros de guerra en España y Francia a finales del Antiguo Régimen*, p. 134.

尼西奥在信件中还提到他的日常开支还包括购买衣服、修理鞋子的费用，以及邮寄信件的邮资。

然而，结合物价的情况就能看出，狄奥尼西奥每日领取的 10 苏生活费无法满足他的生活需要。尽管第九委员会在共和三年花月 17 日(1795 年 9 月 3 日)把军官战俘每日的生活费标准提高到 50 苏[①]，但是对于狄奥尼西奥而言依然不够。在通信中，狄奥尼西奥没有说明他是如何维持这种生活的。不过，考虑到他多次称赞沙特尔是一个富饶的农业区，或许同其他战俘一样，他通过从事季节性农活挣到一些钱。再或许他向当地民众借贷，这种情况在法国大革命期间屡见不鲜。最合理的解释应当是狄奥尼西奥善于精打细算。如同他在信件中所写："我在两天内把一小块牛肉腿、蚕豆煎了两次，这样我就可以每天都能吃一点这些东西。"再如，狄奥尼西奥不会在一天之内喝完能够斟满 6 个 6 磅重酒杯的酒，他写到他通常是"细酌慢饮，每日只喝一小杯"[②]。

但是，无论如何，狄奥尼西奥的开支明显属于军官战俘这一层次，而他这些信件的收件人却多为西班牙士兵。普通士兵在法国经济危机中的实际生活情况与狄奥尼西奥并不相同。他们的生活情况代表了战俘生活的另一个层次，即普通战俘的生活。

第三节　工作

共和二年热月 4 日(1794 年 7 月 22 日)，救国委员会颁布了鼓

---

① Archives nationales, AF/II/231, 1995, 44-45.

② Manuel-Reyes García Hurtado, *Soldados sin historia : Los prisioneros de guerra en España y Francia a finales del Antiguo Régimen*, p. 134.

励战俘就业的法令，旨在促使各市镇政府在丰收时节尽可能地雇用战俘从事农业工作：

> 鉴于战俘目前被安置在共和国境内各城镇和村落中，他们中的绝大多数人正处于一种自由且闲散的状态，这种状态有利于我们雇用他们进行农业收割等工作。在农业劳动中，他们将会感到心满意足。这是因为他们将恢复被暴君剥夺的农业技能，学会理解关押他们的国家里所洋溢的活力以及法兰西民族对他们的慷慨和人道主义，获得他们的劳动所得，用劳动为法国的自由事业服务。[①]

事实上，农业劳动对于法国政府、战俘、雇主三方来说都有利。对于法国政府来说，好处有四个方面。

首先，在农业劳动中，几乎都是由私人雇主向战俘支付工资，这可以帮助法国政府摆脱供养战俘所带来的财政负担。

其次，可以缓解因为农业歉收所加剧的物资短缺和经济危机。在救国委员会发布《全员总动员令》的背景下，在“所有能拿起武器出征的男人们同时入伍”[②]的号召下，大量农村人口参军而乡间农业劳动力数量不足[③]，导致大量农田荒芜、粮食歉收，而这又加剧了本已严峻的物价形势和经济萧条。

---

① Archives départementales, L1758.

② [法]阿尔贝·索布尔：《法国大革命史》，马胜利、高毅、王廷荣译，北京师范大学出版社 2015 年版，第 224 页。

③ 多份史料都显示法国因为青壮男性参军而乡间土地荒芜、无人耕作。参见 Archives nationales, AF/II/231, 1991, 49-55, 59, 61, 66; AF/II/231, 1994, 4。

再次，可以依靠"敌人的士兵"来满足法军前线的需要。战争的胜负往往由战场之外的因素决定。中国有句古语曰："兵马未动，粮草先行。"这句话对于18世纪末法国的革命战争同样适用。由于法国各方面军将筹集军粮的任务摊派到其管辖范围内的各市镇，一些地方由于缺乏劳动力从事农业收割，往往造成巨大的军粮缺口。在这种情况下，调拨战俘进行农业收割，是满足前线需要的最好方法。

最后，让战俘从事农业劳动，可以规避战俘带来的安全风险。这种风险与其说是来自战俘，倒不如说是来自缺少警卫和看守的战俘营。在邻近巴黎的塞纳-马恩省(Seine-sur-Marne)的蒙特罗(Montereau)、讷穆尔(Nemours)等地，战俘营看守为了赶回农田收割庄稼纷纷擅离职守，导致巴黎城内充斥着大量从战俘营逃跑的战俘。这些战俘甚至受到"隐藏在共和国内部的敌人的煽动，聚集在一起阴谋从事颠覆法国革命政府的活动"①。在马恩省，同样出现战俘趁看守回家收割庄稼而聚众扰乱公共秩序的情况。为此，政府官员要求这些回家务农的看守重返工作岗位。但这又带来另一个新问题："因为监管战俘需要人手，这迫使大批农民无法在田间劳作与收获，从而导致大量农田荒芜。"②

对于战俘来说，从事农业劳动意味着他们能够居住在农村雇主的家中，而不再需要与其他战俘挤在环境较差的战俘营中；意味着他们不用佩戴标记有字母"E"的袖章，在精神层面不再是法国人眼中受监视的嫌疑犯；意味着他们可以接受比每日10苏的生活费更高的报酬，在经济层面可以自给自足；意味着他们不用每天赶回战

① Archives nationales, AF/II/231, 1993, 57-62.

② Archives nationales, AF/II/231, 1995, 69.

俘营接受每日4次的点名(早上6点、中午12点、下午3点、晚上7点各一次)[①],实际上获得了等同于假释的自由;最重要的是,这意味着他们可以与法国雇主密切交流,为他们未来的生活提供了无限的可能,无论是战俘最终得以结婚的形式定居法国,抑或是工作能力被雇主看中,由从事收割工作的短工变为雇主家的长工。总而言之,农业劳动为战俘接受法国大革命价值观的影响提供了潜在可能。

对于法国雇主来说,战俘普遍年富力强、工资低廉。法国政府在共和二年雪月8日(1793年12月28日)做出规定,凡是被雇用从事公共工程建设特别是道路施工和维修运河的战俘的工资标准等同于法国劳动者的日平均工资,但是特别注明,各市镇的工资标准由各地政府官员负责确定。[②] 这就留下了战俘工资弹性变化的空间。事实上,除了对战俘从事公共工程建设的工资标准进行"模糊的明确",法国政府也没有明确战俘在其他领域工作工资薪酬的具体标准。对于战俘来说,相较于在战俘营中每日领取10苏的微薄生活费,他们对于从事农业劳动所得工资的要求普遍不高。对于法国雇主来说,雇用战俘显然比雇用在乡间已经成为"稀缺资源"的健壮的法国工人更加高效、更加经济。

但是,对于法国雇主来说,他们需要担负起对战俘在工作期间的监管责任。而地方政府则要制定防止战俘在从事农活的过程中逃脱的预案,并承担与法国雇主相同的监管之责。共和二年热月4日(1794年7月22日)法令明确规定:"如果在其管辖地区内存在

---

① Archives natioanles, AF/II/206, 1746, 6.

② Archives nationales, AF/II/230, 1983, 8.

被雇用从事农业工作的战俘,那么地方政府负有采取一切适当的预防措施以维持当地公共秩序的责任。"[1]在此背景下,尽管法国中央政府、法国雇主、战俘三方都对雇用战俘从事农业劳动颇为上心,但是管辖战俘的各地政府却始终对此持谨慎的态度。共和三年牧月29日(1795年6月17日),鲁昂(Rouen)市政府向救国委员会呈交申请:"农民们每日都向我们申请,希望我们允许战俘走出战俘营,为他们耕种土地。但是,考虑到共和三年牧月9日(1795年5月28日)法令第1条规定战俘未经地方政府允许不能够离开战俘营,因此我们认为批准战俘从事农业工作有可能与这一条的规定相悖。"对此,救国委员会批复道:"鲁昂市政府禁止战俘离开战俘营从事农业活动是不恰当的,因为征用战俘可以解决乡间劳动力不足所导致的农业问题。授权各市镇的农民可以自行雇用战俘从事农业工作,但是雇主必须担负起对战俘进行监管的责任。"[2]

尽管救国委员会鼓励战俘从事农业工作,但是各地政府依然谨小慎微,因为在乡野间劳作的战俘很容易藏身于麦田中而伺机逃脱。对此,救国委员会针对安全问题向各市镇政府提出要求:"战俘在作物收割结束后必须立即返回战俘营;在战俘被雇用期间,当地官员必须采取适当的措施监视他们以防止他们逃脱,对那些企图逃跑的战俘必须采取强力措施,把他们关押到战争结束。"[3]

综合现有史料可知,战俘因为从事农活而伺机逃跑的情况并不多见,因为农业工作在某种程度上看是战俘所能接触到的最好工作。共和二年果月18日(1794年9月4日),普洛扎(Plauzat)市政

---

① Archives nationales, AF/II/230, 1984, 5.

② Archives nationales, AF/II/231, 1993, 31-34.

③ Archives nationales, AF/II/230, 1984, 28.

府官员称赞了战俘的劳动技能和热情：

> 我们努力维持这个安置着大量战俘的市镇内部的良好秩序。但是事实上，我们只需要给他们提供稳定的工作，他们就会尽他们所能来回报我们。①

不少战俘在乡间受欢迎程度如此之高，以至于都有了自己固定的客户源。由于农业生产从播种到收割一般会经过多个环节，因此很多法国农民更愿意雇用熟识的战俘，在每个环节都雇用同一名或者固定的几名战俘。在法国农民眼里，这些战俘已经不再是被俘虏的囚犯，而是下属、雇员和朋友。有些雇主往往不直呼战俘的名字，而是像称呼法国雇员一样，称他们为"伙计"，甚至给他们起一些同法国雇员一样的外号。

狄奥尼西奥的一位战友被法国公民达洛·杜拉克(Darrot Dulac)多次雇用，他们之间结下了深厚的友谊。杜拉克在共和三年雨月25日(1795年2月13日)向蒂耶尔(Thiers)市政府递交陈情书："由于冬季漫长的寒冷期，今年的播种工作十分滞后。无论是位于贝萨伦(Besalen)附近、准备在这周种植马铃薯的土地，还是本市周边的其他土地，都还没有完成播种工作。这促使本人——公民达洛·杜拉克——请求获得授权，以雇用一名我熟识的战俘"茴香"作为临时工。我跟这名战俘很熟，并且充分相信他的人品。我承诺，如果这名战俘逃跑，我会在他逃跑当天通知市镇官员。"②根据这封

① Archives départementales, L4073.

② Archives départementales, L4073.

信可以推断，“茴香”应该是一名种植茴香类植物的熟练工人，但是他的工作内容不仅局限于此。由于与杜拉克相熟，所以每当有农活时他都会被杜拉克雇用。无论是整地、播种、施肥，还是除茬、收割、打碾，杜拉克都放心地交给该名战俘打理。目前，没有史料表明“茴香”对雇主的感情如何，但是从杜拉克的陈情书中看，他至少是一个令雇主放心的人。

战俘的工作技能令他们声名远播。事实上，反法同盟军中的很多普通士兵本来就是农民出身。[①] 然而，如同杜拉克的陈情书中所写道的那样，18 世纪末的法国农业受到气候和温度的影响较大，具有季节性特点，以至于“战俘在作物收割结束后必须立即返回战俘营”[②]。同当前在法国南部仍然可以看到从事葡萄采摘的季节工一样，18 世纪末的“战俘农民”也时常受到失业的困扰。但是，在工作中，战俘与法国民众不断加深交流，他们以工作能力受到法国公民的青睐，而法国公民展现的热情和善意，以及法国农村在大革命之后展现出的新气象，也在一定程度上影响了外国战俘的思想观念。

第四节　一种对比：生活在匈牙利的法国战俘

1792 年 4 月 29 日，奥地利和普鲁士的军队侵入法国北部。自此至 1800 年，在战争中被神圣罗马帝国各邦国俘虏的法军士兵，几乎全部被带到了匈牙利。在埃德娜·辛迪·勒梅（Edna Hindie

---

① 从战俘申请被释放回国的陈情书来看，将近五分之一的战俘在入伍之前是农民。参见 Archives nationales, AF/II/231, 1991, 47-66, 68。

② Archives nationales, AF/II/230, 1984, 28.

Lemay)看来,帝国政府依然沿用了旧制度时期对待战俘的方式。[①]把战俘营设在遥远的匈牙利,正是宫廷在奥地利王位继承战争期间对待法国战俘的传统。从法国到匈牙利,法国战俘开始了一路漫长的死亡行军。据拉约什·科弗(Lajos Kövér)考证,15%～20%的法国战俘在被押解的过程中死亡。[②] 法国上尉、战俘约瑟夫·豪蒂埃(Joseph Hautière)在其回忆录中详细描述了战俘的苦难。他写到战俘所乘坐的船只破烂不堪,不少战俘需要乘坐简易的木筏沿多瑙河前往匈牙利。在凛冽的寒风中,他们只能"依靠茅草御寒"。当临近奥地利时,他们每天都能看到"被丢弃在岸边的尸体"[③]。

然而,法国战俘的高死亡率并非主要由于旅途的艰辛与漫长,最大的威胁来自传染病。匈牙利历史学家拉约什·阿邦尼(Lajos Abonyi)在著作中指出,当到达匈牙利的 543 名法国战俘被解送到奥博尼(Abony)时,"大多数人都病倒了,他们不得不在当地休整几天"[④]。战俘的高死亡率固然有 18 世纪医疗水平较低的原因,但是更重要的原因却在于战俘营中拥挤的生活环境和缺乏医生的事实。准确地说,是缺乏能够与战俘进行交流的医生。1793 年 12 月 20 日,塞格德市(Szeged)军事指挥部请求布达市(Buda)政府调拨 4～

① Edna Hindie Lemay, "A propos des recherches faites sur le sort des prisonniers de guerre français pendant les guerres européennes (1792-1815)", *Annales historiques de la Révolution française*, No. 312, 1998, pp. 229-244.

② Lajos Kövér, "Soldats, colons et voyageurs français en Hongrie au XVIIIe siècle", *Cahiers d'études hongroises*, 1997-1998 (9), pp. 179-194.

③ Joseph Hautière Capaine au 6e Bataillon de Soissons, *Manifeste du traitement des Prisonniers Français pendant leur capitivié en 1793, 94 et 95*, Paris: Bibliothèque nationale de France, département des manuscrits, ms. fr. 10. 173.

④ Lajos Abonyi, *Abony torténete* (*Histoire d'Abony*), Abony: Musée du bourg d'Abony, pp. 220-221.

6 名来自阿尔萨斯省或洛林省(Lorraine)的士兵前来照料患病的战俘,因为这些士兵可以充当法国战俘和当地医生之间的翻译。[①]

不过,翻译的数量依然严重不足,医生只能通过临床观察治疗患病的战俘,病倒的战俘数量有增无已。仅在 1793 年 12 月 4 日这一天,就有 3 名法国军官死在塞格德。豪蒂埃上尉更是写道,当他们在 1793 年 12 月 23 日到达佩斯市(Pest)之后,两周之内有 1200～1800 名战俘因为得不到有效的医治而死亡。[②] 然而,帝国宫廷严禁塞格德民众与法国战俘接触,因此只能从为数不多的懂得两种语言的法国战俘中寻找翻译,这在一定程度上提高了法国战俘的死亡率。帝国宫廷之所以这样做,一方面是统治者担心革命思想会在匈牙利民众中传播,另一方面担心战俘中普遍存在的传染病会波及当地居民。匈牙利总督理事会(Conseil de lieutenance de Hongrie)不仅严格禁止当地居民与法国战俘进行交流,甚至要求民众承担抓捕逃脱战俘的责任。在塞格德,战俘们被隔离在当地城堡改建的战俘营中,不但不能像在法国的战俘那样为当地人工作乃至与当地人组建家庭,甚至连向外寄信都要受到严格的限制。不过,不管对法国战俘的隔离措施如何严格,他们仍不可避免地与当地人民保持接触。鉴于战俘的高死亡率,法国人往往被要求外出埋葬死去的战友,战俘通常借此机会从当地居民那里收发私信,同当地居民买卖物品、借贷钱物。匈牙利民众俨然成为法国战俘与母国及与其他战俘营的战友之间保持联系的媒介。匈牙利民众对法国战俘的帮助

---

① Ladislas Palasti, "Soldats de la Révolution française en captivité *à* Szeged", *Annales historiques de la Révolution française*, No. 261, 1985, pp. 353-364.

② Lajos Kövér, "Soldats, colons et voyageurs français en Hongrie au XVIIIe siècle", *Cahiers d'études hongroises*, 1997-1998 (9), pp. 179-194.

不难理解，因为战俘带来了与旧制度下的帝国宫廷不同的新鲜气息，这让当地人感到好奇。正如帕拉斯蒂所说："战俘普遍受到当地人的高度重视。"①

然而，能够外出的法国战俘毕竟只是少数，更多的战俘被囚禁在狭小的战俘营之中。帝国宫廷没有忘记对这些"弑君者"进行思想改造。1793 年 12 月 6 日，布达市的军事权力机关写信给埃斯泰尔戈姆(Esztergom)和考洛乔(Kalocsa)两地的大主教，要求他们提供一些能讲法语的牧师。这些负责"洗涤战俘灵魂"的布道者自 1794 年 3 月起陆续进驻战俘营。然而，他们大多是流亡贵族，并不为法国战俘所接受。来自法国卢丹(Loudun)的流亡牧师朗格莱斯(Langlaise)在信件中记录了法国战俘对大革命信仰的忠诚。他写道："他们说不要我给他们布道，正如你们所看到的，他们拒绝我的原因是我是流亡贵族。而我同样不想服从弑君者制定的法律。"朗格莱斯甚至赌气地写道："这些人应该有一个信奉共和制的牧师，一个没有信仰、没有宗教、是王权和祭坛的敌人的牧师，这样他们会很高兴。"②朗格莱斯最终在工作了三个月后离开了位于塞格德的战俘营，无人接替他。在高墙之中，塞格德战俘营中的法国战俘却自行组织了各种会议和革命庆祝活动。共和二年热月 23 日(1794 年 8 月 10 日)，法国战俘为纪念王室被推翻而举行的庆祝活动被记录如下：给自由树戴上红色的帽子；围着自由树跳舞，边跳边唱"太好

① Ladislas Palasti, "Soldats de la Révolution française en captivité *à* Szeged", *Annales historiques de la Révolution française*, No. 261, 1985, pp. 353-364.

② Edna Hindie Lemay, "A propos des recherches faites sur le sort des prisonniers de guerre français pendant les guerres européennes (1792-1815)", *Annales historiques de la Révolution française*, No. 312, 1998, pp. 229-244.

了”；大声叫嚷“共和国万岁”“自由和平等万岁”。① 毫无疑问，革命价值观会在匈牙利民众中传播，并感染仍处于旧制度下的帝国民众。

由此可见，在法国大革命时期，代表旧制度的帝国宫廷同样选择在战俘文化中加入政治因素，不仅严禁当地人民接触法国战俘，还把这些法国战俘作为布道的对象，希望他们能够被流亡贵族感化。然而，匈牙利当地民众为法国战俘提供的帮助以及战俘进行的抗争，更能从侧面展现革命价值观的深入人心和对旧制度王权国家的巨大冲击。

---

① Kalman Benda, *A magyar jakobinusok iratai*, Vol. 11, Budapest: Akadémiai Kiadó, 1952, pp. 69-70.

第五章　获释

第一节　战俘假释

战俘假释即附有一定条件的提前释放战俘的行为。作为被假释的条件，战俘要宣誓："我承诺以军人荣誉为担保，在被释放回国后交换回一名同等军衔的法国战俘，并在交换完成前或者战争结束前不再拿起武器对抗法国。"(见图 5-1)随着中立国的增多和姊妹共和国的出现，誓言中还加上了"不再拿起武器对抗法国及其盟国"的内容。对于可能出现的在战俘被假释回国后却无法换回一名法国战俘的情况，战俘还需要宣誓："如果在三个月内无法完成战俘交换，本人将自行返回法国。"由此可见，法国在大革命时期假释战俘的目的是换回"共和国的捍卫者"。

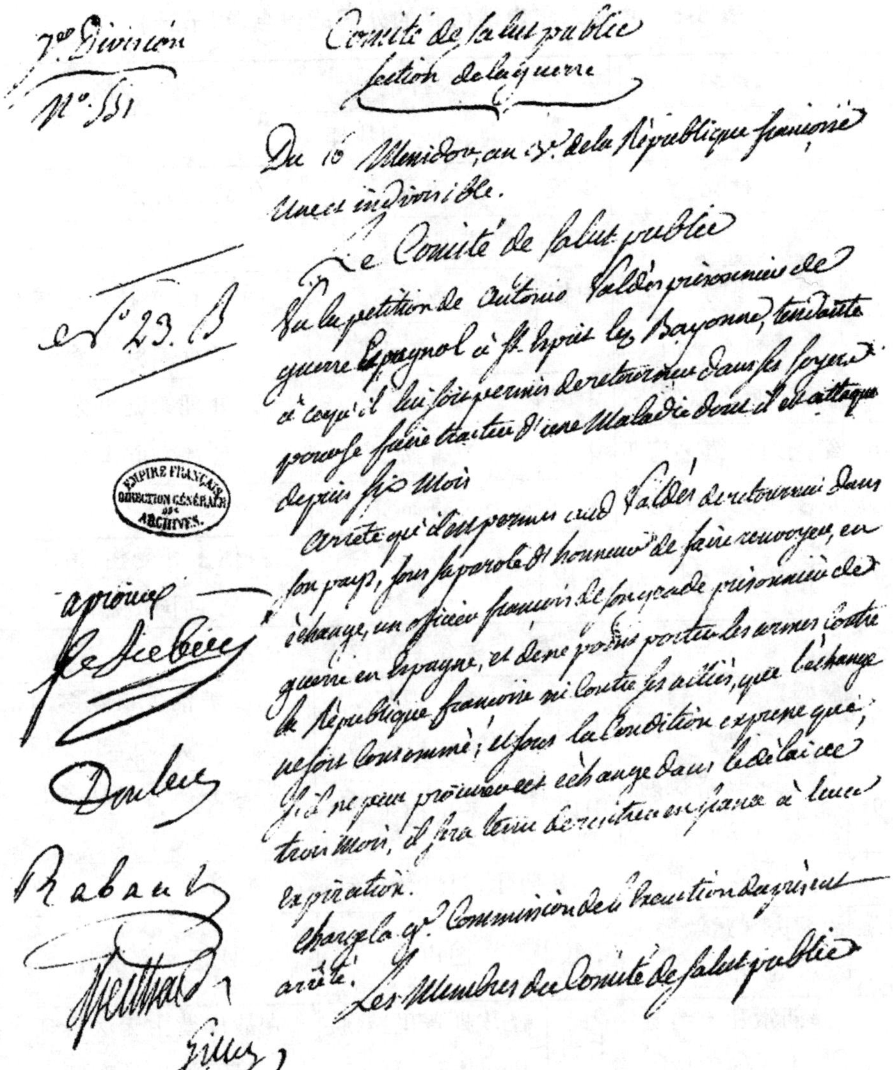
7e Division
N°. 551

Comité de salut public
section de la guerre

Du 16 Messidor, an 2e de la République françoise une et indivisible.

Le Comité de salut public

Vu la pétition de Antonio Valdés prisonnier de guerre Espagnol à St Esprit les Bayonne, tendante à ce qu'il lui soit permis de retourner dans ses foyers pour se faire traiter d'une maladie dont il est attaqué depuis six mois

Arrête qu'il est permis aud. Valdés de retourner dans son pays, sous sa parole d'honneur de faire renvoyer, en échange, un officier françois de son grade prisonnier de guerre en Espagne, et de ne point porter les armes contre la République françoise ni contre ses alliés, que l'échange ne soit consommé; et sous la condition expresse que, s'il ne peut procurer cet échange dans le délai de trois mois, il sera tenu de rentrer en France à leur expiration.

Charge la 9e Commission de l'exécution du présent arrêté.

Les Membres du Comité de salut public

N° 23. B

EMPIRE FRANÇAIS DIRECTION GÉNÉRALE DES ARCHIVES

Doulcet
Rabaut
Gillet

图 5-1　救国委员会要求战俘宣誓的内容

资料来源：Archives nationales，AF/II/231，1994，20。

符合战俘假释的情形主要分为三类(见表 5-1)。

表 5-1　共和二年申请假释的外国战俘名单(节选)

序号	姓名	军衔	关押地	请求原因
奥地利、匈牙利战俘				
1	杜克	少校	第戎	年龄太大、经常生病
汉诺威战俘				
2	里特	中校	亚眠	家中有 12 个孩子要抚养
3	亨利・亨伯	上尉	讷穆尔	处理家庭事务
4	德・斯格尔伯格	中尉	蒙塔日	处理家庭事务
5	纪尧姆・德・梅丁	中尉	鲁昂	处理家庭事务
6	皮埃尔・德・穆勒	少尉	鲁昂	丧父
7	F. L. 德・贝克	少尉	第戎	身体多处受伤,请求回国治疗
英国、爱尔兰战俘				
8	詹姆斯・马格拉斯(父)	上尉	圣奥梅尔(Saint-Omer)	需要养活人口众多的大家庭
9	威廉・马格拉斯(子)	中尉	圣奥梅尔	需要养活人口众多的大家庭
葡萄牙、西班牙战俘				
10	约瑟夫・达兰德・萨拉兰	中校	图卢兹	处理家庭事务
11	弗朗索瓦・约瑟夫・佩雷拉	上尉	圣埃斯普里城堡(Pont Saint-Esprit)	在战俘营中无法得到足够的生计资源
皮埃蒙特战俘				
12	杜拉克	中校	瓦朗斯(Valence)	请求回国看望家人

资料来源:Archives nationales, AF/II/230, 1988, 63。

第一类是由于身体健康原因而被假释。共和三年花月 24 日(1795 年 5 月 13 日),救国委员会同意假释"所有残疾或者患有无法治愈的疾病的战俘"[1]，因为他们不能再次拿起武器对法国构成威胁。由于18世纪医疗水平的局限性，在战场上受伤的战俘往往得不到良好的医治，再加上战俘营环境的恶劣、背井离乡造成对新气候、新环境的不适应，战俘患病的情况时有发生。这类战俘一般都附有战俘营军医的诊疗证明，以避免弄虚作假。本着人道主义精神，法国政府通常会批准战俘出于健康原因的假释申请。共和三年牧月19日(1795年6月7日)，西班牙步兵团上尉拉斐尔·德·埃查本(Raphael D'Echaburn)被关押在潮湿寒冷的尚蒂伊(Chantilly)地区长达18个月，"监狱生活严重损害了他的健康"，他请求假释回到干燥温暖的西班牙，因为"只有回国才是恢复健康的唯一方法"[2]；风月7日(1795年2月25日)，朗格勒战俘营的军医证明奥地利中尉兹德拉罗维奇(Zdellarovich)"由于受伤被切去了右腿，他忍受着剧烈的疼痛，而且由于残疾，他无法再次回到军队中服役"，因此建议救国委员会批准其假释回国，以便"使用镇痛剂缓解伤口带来的疼痛"[3]；花月22日(1795年5月11日)，考虑到被关押在马恩河畔尚皮尼(Champigny-sur-Marne)的奥地利中尉让·皮特奇(Jean Pietsch)"无时无刻不饱受病痛的折磨"，并且"患有风湿病及肝梗引起的并发症。常年的疾病折磨加上远离家乡造成的抑郁，使他的病情日益加重，因此请求准许他假释回到摩拉维亚(Morava)的家"。[4] 对于以上战俘的假释申请，救国委员会都予以批准。委员会甚至向皮特奇中尉发放了途经瑞士巴塞尔(Basel)的护照，以便

① Archives nationales, AF/II/231, 1995, 34.
② Archives nationales, AF/II/231, 1989, 7-12.
③ Archives nationales, AF/II/231, 1994, 78-83.
④ Archives nationales, AF/II/231, 1992, 42.

他前往该地处理私人事务。

第二类是由于个人私事而被假释。共和三年牧月19日(1795年6月7日),皮埃蒙特战俘兄弟马蒂厄·杰尼斯(Mathieu des Geneys)和乔治·杰尼斯(Georges des Geneys)由于“家中的兄弟去世,残疾的父亲无人照料”,[①]双双获得了假释回国的权利。共和三年芽月10日(1795年3月30日),被关押在孔东(Condom)的两名西班牙战俘联名申请被假释回国,他们写到在来到“慷慨的土地”18个月后,为了“帮助妻子抚养孩子”和“弥补长期无法赡养父亲的遗憾”[②],因此请求获得批准回国。他们的申请得到救国委员会的确认。随着法国政府在共和三年芽月25日(1795年4月14日)将战俘的面包配额从每日24盎司削减到16盎司,生计问题便成为战俘因私申请假释的主要理由。被关押在欧什(Auch)的西班牙上尉弗米纳亚(Fominaya)由于“在长达18个月的时间内没有获得任何救助,无法只靠微薄的战俘生活费生存”,因此请求假释两个月,以便回国“找到一笔可以维持生活的资金”[③];牧月14日(1795年6月2日),39岁的奥地利上尉约瑟夫·基希伯格(Joseph Kirchberg)和24岁的奥地利中尉亨利·布里埃里克(Henri Brierwick)向救国委员会递交申请,理由是“生活所需的费用变得极其昂贵”,以及他们已经被关押在法国长达22个月,这导致他们在奥利地的生意因无人打理而破产。[④] 最终,法国政府批准了他们的请求。

第三类是由于战俘出生在被征服地区、中立国或者姊妹共和国

① Archives nationales, AF/II/231, 1989, 38-44.
② Archives nationales, AF/II/231, 1989, 38-44.
③ Archives nationales, AF/II/231, 1989, 32-33.
④ Archives nationales, AF/II/231, 1990, 15.

而被假释。法国政府在1792年4月20日向普奥两国的君主宣战后，通过建立民族军队和实行统制经济政策等一系列革命性变革为法国带来了胜利。管辖省份由1790年时的83个省扩大至98个省：萨伏依成为共和国的勃朗峰省（Mont-Blanc），在巴塞尔主教国的领土上建立了特雷布尔峰省（Mont-Terrible），尼斯被纳入法国版图。出生于被征服地区的战俘成为“新法国人”。1795年是为法国带来和平的一年，该年1月，巴达维亚共和国成立；4月，法国同普鲁士签订《巴塞尔条约》；5月，同荷兰签订《海牙条约》；7月，同西班牙达成休战协定。“新法国人”的出现、姊妹共和国的诞生，促使法国政府针对假释标准出台新规定。对于出生于被征服地区的战俘，法国决定对其中能够提供出生证明的那部分人准予假释，条件是要定期前往居住地政府报到，并在家中接受父母的监督。

共和三年获月22日（1795年7月10日），救国委员会假释了5名出生于勃朗峰省、被撒丁王国军队强征入伍的战俘，同时规定另外9名战俘在提供由出生地政府出具的出生证明后即可获释，但是必须“按照居住地政府的要求定期前往报到，接受居住地政府和父母的监督”①。同年，被关押在蒙托邦（Mautauban）战俘营的两名出生于尼斯、为西班牙军队服役的战俘也被释放。②。

对于出生于中立国或者姊妹共和国的战俘，法国要求假释申请必须“由战俘的母国政府提出”。之所以如此规定，是源于法国政府对自身国家安全的考量。共和三年葡月10日（1794年10月1日），法国假释了一批来自中立国瑞士的战俘，但是一部分官兵在宣誓

① Archives nationales, AF/II/231, 1991, 44.

② Archives nationales, AF/II/231, 1991, 46.

"不再拿起武器对抗法国"获得释放后，又作为雇佣兵被敌国重新招募。因此，法国政府要求"中立国或姊妹共和国政府必须采取措施，确保战俘在回国后不再重新对抗法国"[①]。共和三年牧月10日(1795年5月29日)，尽管与荷兰的海牙条约已经签订，救国委员会仍然认定荷兰军队中的瑞士雇佣兵不得被释放，除非"瑞士政府以官方的名义提出申请"；[②]牧月22日(1795年6月10日)，因为无法获得奥斯曼土耳其政府的官方申请，救国委员会拒绝了被关押在尚普利特(Champlitte)战俘营的土耳其战俘的假释申请，即使他们是"被强行征入奥地利军队服役的受奴役民众，他们提出申请的理由只是想回家看望自己的妻子和孩子"[③]。由此可见，尽管法国政府将假释作为释放战俘的重要途径，但是国家利益和军事安全仍然是法国革命者优先考量的因素。在捍卫大革命成果与国家利益面前，只有得到政府担保并保证不会再次加入敌军的战俘才能被释放。

早在热月政变后伊始，法国就尝试与奥地利进行关于交换战俘的谈判。尽管奥地利方面表达出对于交换战俘的迫切，但是救国委员会最终叫停了谈判。共和二年果月8日(1794年8月25日)的一份报告，记录了谈判失败的原因："奥地利方面提出的方案第3条提到以支付货币的形式作为战俘的赎金，该条款违反了共和国1793年5月25日法律的基本原则。"[④]谈判之所以没有成功，实际上是法国政府出于政治和经济方面的考虑。一方面，法国在热月政变后

① Archives nationales, AF/II/231, 1993, 73.

② Archives nationales, AF/II/231, 1993, 75.

③ Archives nationales, AF/II/231, 1994, 7.

④ Archives nationales, AF/II/231, 1995, 49.

废除经济限制引起的指券崩溃的经济危机让法国无力支付赎金；另一方面，法国法律规定战俘丧失的只是“作为军人参加战斗的权利”，他们仍保有“作为人的基本权利”①，这从政治上促使法国政府不可能再像旧制度时期的王室政府那样把战俘作为商品按价赎买。经济是政治的基础，国家安全是政治的保障。战俘假释问题，成为法国革命者向欧洲各国展现“平等”“博爱”的最好的宣传载体。尽管假释的约束是无力的，法国也承受了瑞士战俘在释放后又被敌国招募的背信弃义，但是相较于把战俘囚禁在环境较差的战俘营中并占用法国的经济资源，让战俘获得假释，在减轻财政负担的同时，对内可以交换回大量法国战俘，安抚本国民众盼望被俘亲人归来的情绪；对外可以巩固与中立国、姊妹共和国的友谊，孤立英国等少数几个与法国尚未签订和约的国家，改善强敌环伺的外部环境。在世界主义的革命理念和现实主义的国家安全的矛盾与冲突中，假释战俘在一定程度上是理想的平衡点。

第二节　巴黎“朝圣”

共和三年热月4日（1795年7月22日），法国政府代表弗朗索瓦·巴泰勒米（François Barthélemy）与西班牙政府代表多明戈·伊里亚特（Domingo Gabriel José de Iriarte y Nieves Ravelo）签订了《和平协议》。《和平协议》第9条规定：“所有的西班牙战俘，以及为西班牙军队服役的葡萄牙战俘，还有被西班牙军队俘虏的法国战

① Sous la direction de M. J. Mavidal et M. E. Laurent, *Archives parlementaires de 1787 à 1860*, première série, Vol. 42, p. 392.

俘，都将被释放。”①自此，狄奥尼西奥的获释问题提上了日程。

在等待被最终释放的日子里，狄奥尼西奥获准前往巴黎。这次巴黎之旅是他主动申请的，在法国生活一年的经历，让他对法国的感情如同被俘之后的天气发生了变化：从被俘时的大雨瓢泼，到被俘后的阴雨连绵，再到抵达勒芒和沙特尔之后的晴空万里。现在，趁着回国前的最后一点时光，他想要去一趟大革命的中心巴黎，去看看法国大革命圣地的面貌。

事实上，不仅是狄奥尼西奥，相较于法国战俘在匈牙利与世隔绝的生活，生活在法国民众中的经历让不少战俘都对法国的革命价值观产生了兴趣。共和三年芽月22日（1795年6月10日），居住在维莱-科特雷（Villers-Cotterêts）的奥地利战俘齐勒沙特（Zilleshardt）请求30天的假期，因为他要去巴黎“朝圣”，并认为这对他来说非常有意义。② 共和三年热月20日（1795年8月7日），汉诺威战俘德雷彭布罗克（Drepembroik）在收到被释放的通知后，向救国委员会递交陈情书：

> 公民们：
>
> 根据你们的授权，我们很快就可以回到家乡。但是，你们的友善让我对法国产生了感情。我现在居住在巴黎附近地区，我有强烈的意愿想要参观这座伟大和富有精神内涵的城市，这就是我给你们写信的原因。公民们，我请求你们批准我和我的副官前往巴黎的申请，因为我们

① Manuel-Reyes García Hurtado, *Soldados sin historia: Los prisioneros de guerra en España y Francia a finales del Antiguo Régimen*, p. 138.

② Archives nationales, AF/II/230, 1987,31.

需要一段时间参观和游览巴黎。①

对于法国政府来说,他们同样乐意在战俘被释放回国前为他们安排一次巴黎之行,向这些外国人全面展现大革命的成果,让他们带着对法国革命政府的崇敬和热爱回国。事实上,不仅是狄奥尼西奥顺利获得前往巴黎的许可,几乎所有已经确认获释的战俘都能够申请去巴黎参观。除此之外,他们在巴黎逗留期间还能获得一定程度的人身自由。

狄奥尼西奥到达巴黎后,受到当地市政官员的接待。他写道:"这让我感到我不再被视作战俘,而是立即成为法国官员的朋友。他们不仅给了我证件,还向我提供了一辆参观城市的马车。"②至于德雷彭布罗克及其副官,救国委员会收到申请的一个星期内就做出了同意的批复,只是要求他们"在 24 小时内前往一般安全委员会(Comité de sûreté général)报到"③。对于另一位汉诺威战俘格洛特(Grotte),救国委员会同样要求他每天前往一般安全委员会报到,并给他 10 天的假期让他在巴黎自由活动,以便让他"了解这座伟大的城市"④。

在巴黎的时光,对于狄奥尼西奥加深对法国大革命的印象是非常重要的。在这里,他拜访了一名西班牙裔法国人——贝尔纳多·塞克斯·伊·门德斯(Bernardo Seixas y Méndez)。门德斯出生于

① Archives nationales, AF/II/229, 1976, 30.

② Manuel-Reyes García Hurtado, *Soldados sin historia: Los prisioneros de guerra en España y Francia a finales del Antiguo Régimen*, p. 139.

③ Archives nationales, AF/II/229, 1976, 28.

④ Archives nationales, AF/II/229, 1977, 38-40.

波尔多，曾经长期住在圣多明各岛(Santo Domingo)，因此能说一口流利的西班牙语。后来，门德斯定居巴黎，其住所就在马拉(Jean-Paul Marat)故居的对面。门德斯陪同狄奥尼西奥参观了巴黎"一些特别的地方"[①](见表 5-2)。

表 5-2　共和三年果月 5 日(1795 年 8 月 22 日)
狄奥尼西奥在巴黎参观的场所

参观地点	狄奥尼西奥的观察
卢森堡宫(1793 年 6 月后被改建为卢森堡监狱)	奥尔良公爵(Duc d'Orléans)的妻子、她的家人、法国其他主要人物和高级战俘被囚禁在这里
圣日耳曼德普雷(Saint-Germain-des-Prés)修道院	在大革命期间被改建为监狱
巴黎造币厂	这里存放着来自世界各地的矿产，金银都可以在这里进行加工
四国学院	这里能够教授世界上的任何语言
伏尔泰故居	
杜伊勒里花园	大理石上有四季、四元素和黄道十二宫的标志
亨利四世(Henri IV)宫殿	
国民公会和五百人院所在地	设法进入了国民公会的会场，亲眼目睹了公会代表们的辩论
新桥	皇家桥和路易十六桥，桥中间有两个非常特别的音乐钟，亨利四世(Enrique IV)广场就在那里

① Manuel-Reyes García Hurtado: *Soldados sin historia: Los prisioneros de guerra en España y Francia a finales del Antiguo Régimen*, Gijón: Ediciones Trea, 2011, p. 140.

续表

参观地点	狄奥尼西奥的观察
路易十五广场	这里被改名为革命广场,国王、王后、罗伯斯庇尔等人都在这里被送上了断头台
新马德莱娜(Madeleine)教区	埋葬着不幸的国王、王后和其他人
东方宫	位于巴黎最雄伟的一条大道上,里面有宏伟的雕像、建筑物和中国作品
皇家宫殿	奥尔良公爵的财产,现在成了大商店,这里聚集了所有国家的人,如同伦敦的股票交易所
大宫殿	通常被称作卢浮宫,藏有来自世界各地的绘画和艺术品,能够看到各国进献的礼物。我在这天晚上去了这里的剧院,看剧团演出,这里有各种各样的曲子和曲调

资料来源:Manuel-Reyes García Hurtado, *Soldados sin historia: Los prisioneros de guerra en España y Francia a finales del Antiguo Régimen*, pp. 140-144。

根据狄奥尼西奥在信件中所写的内容,表 5-2 列出了他在共和三年果月 5 日(1795 年 8 月 22 日)这一天所参观的场所。实际上,他在之后的日子里还参观了马拉故居、巴士底狱、议会大厦、巴黎市政府、凡尔赛宫等法国大革命的“圣地”。从这个角度来看,狄奥尼西奥的巴黎之行确实称得上是“朝圣之旅”。通过对他所参观的场所进行分析可以看出,狄奥尼西奥对大革命在精神和物质方面带给法国社会的改变既感兴趣又颇认同。他认为革命中的法国为自然和人文科学的发展注入了新的精神。他盛赞法国的工业水平,“卢森堡宫花园中建有 50 个锻造军刀和步枪的工场。这些工场的军工制作水平很高。据工场师傅说,他们可以在短时间内制造 50000 多把军刀和步枪,足够配备各个方面军”。他盛赞法国的学术水平,“在四国学院里能够学到全世界的语言”。① 他还感受到了法国的艺术气息,认为卢浮宫中的收藏品世所罕有,剧院里的大型歌剧和宏伟景象让他禁不住喝彩,凡尔赛宫里有无数的大理石雕像和珍贵的玉石珠宝。

最重要的是,狄奥尼西奥盛赞法国的人文精神,他在通信中详细介绍了法国大革命后出现的新风俗——共和历、节假日、非宗教仪式婚姻、离婚、乡村居民的热情、共和树代表的自由精神,还有他在被俘时屡屡抗议的平等精神。在信件中,他写道:“法国自大革命以来发生的最令人难忘的事,就是 1790 年 1 月 21 日通过的法令宣布任何人犯下罪行都应受到惩罚。”②这一关于平等的表述,与他在被俘伊始强调自己是军官所以应该受到优待的态度截然相反。“自由”和“平等”成为他信件中提及的高频词,也成为他在法国期间学到的革命新词。

但是,在西班牙政府看来,法国是现实中的利维坦,是欧洲暴乱的中心。当狄奥尼西奥回到西班牙,发现身边很少有人使用这些革命话语。更可悲的是,狄奥尼西奥自己也同样没有意识到这些新词是西班牙政府憎恶的言辞。他在信中所阐述的、在法国所学到的革命术语,必将遭到同胞的激烈反对。当狄奥尼西奥被最终释放,他回到心心念念的祖国时,却发现这里的气氛与革命法国截然不同。

---

① Manuel-Reyes García Hurtado, *Soldados sin historia*: *Los prisioneros de guerra en España y Francia a finales del Antiguo Régimen*, p. 140.

② Manuel-Reyes García Hurtado, *Soldados sin historia*: *Los prisioneros de guerra en España y Francia a finales del Antiguo Régimen*, p. 152.

在仍然处于波旁家族统治的西班牙，在潜移默化中被法国的革命价值观影响的狄奥尼西奥感到左右为难，他很难重新融入仍处于旧制度下的西班牙社会。

第三节　回国

作为一名接受过海军军官教育的人才，即使狄奥尼西奥身在法国，西班牙政府也没有忘记他。为了表彰他为国身陷囹圄的忠诚，西班牙政府在狄奥尼西奥被俘期间晋升他为海运邮政局少尉。当他于 1795 年回国后，他在四年之后又一次获得晋升。1799 年 10 月 11 日出版的《马德里公报》(*Gaceta de Madrid*)显示，狄奥尼西奥于当年 7 月 28 日在普拉森西亚(Plasencia)与同僚胡安·费尔南德斯·韦德拉(Juan Fernández Vedra)一起晋升为海运邮政局中尉。[①]

可以说，在回国之初，狄奥尼西奥的职业晋升之路并没有受到曾经战败被俘的影响。这也与西方式战争文化中军人不以战斗到最后一刻被俘为耻的观念相一致。但是，狄奥尼西奥没有想到的是，尽管被俘的经历没有对他的晋升产生影响，但在被俘期间所受法国大革命价值观的影响，却改变了他未来的职业生涯和人生道路。

海运邮政局在 1802 年 4 月 6 日根据费尔南多七世(Fernando Ⅶ)签署的法令被并入皇家海军，狄奥尼西奥也于当年 5 月 24 日成为一名海军少尉，并被派到海军军火库任职。1803 年 7 月，他被外派至里瓦德塞利亚(Ribadesella)，在当地的海军部队任职。[②] 然而，

---

① *Gaceta de Madrid*, *Del Viernes 11 de octubre de 1799*, Madrid: Imprenta Real, *1799*, p. *887*.

② Archivo del Museo Naval, Ms. 434.

尽管里瓦德塞利亚同狄奥尼西奥的家乡埃斯卡兰特相邻，都位于西班牙北部沿海地带，但是却分属阿斯图里亚斯和坎塔布里亚两个大区。家族经营多年的家乡近在眼前，却被派往风俗、文化、方言迥异的另一个大区，这种状况显然不能让狄奥尼西奥满意。

半岛战争爆发后，法军于1808年3月以保护西班牙领土和解决王室矛盾为名进入西班牙。阿斯图里亚斯高级委员会于1808年6月任命狄奥尼西奥担任里瓦德塞利亚卫戍部队司令，并于7月破格晋升他为中校。但是，这次破格晋升却成为狄奥尼西奥后半生一系列悲剧的开端。阿斯图里亚斯大区政府之所以将里瓦德塞利亚市防务交由狄奥尼西奥负责，在一定程度上与他的被俘经历有关。在法国期间，狄奥尼西奥与法军中的一些军官建立了良好的关系，并在回国后屡次表现出对法国大革命的认可和对拿破仑一世的崇敬之情。因此，狄奥尼西奥被西班牙政府视作自由派分子，也被法军视为能够稳定里瓦德塞利亚秩序的合适人选。

自约瑟夫·波拿巴(Joseph Bonaparte)成为西班牙国王之后，他努力争取西班牙民众的支持。[①] 1808年7月27日，在狄奥尼西奥的家乡坎塔布里亚，政要们在大区区府桑坦德(Santander)的市政厅举办了向约瑟夫·波拿巴宣誓效忠的宴会。市政厅前的广场上响起了礼炮声，一些房屋被灯光点亮。[②] 作为里瓦德塞利亚市卫戍部队长官，狄奥尼西奥也参与了当晚的宴会。然而，法军从本质上来说是入侵者，日后西班牙人对法军的顽强抵抗证明坎塔布里亚

---

① Rafael Fernandez Sirvent, "Notas sobre propaganda probonapartista: proclamas y Gazeta de Santander (1809)", *El Argonauta Español*, No. 3, 2006.

② José Simón de Cabarga, *Santander en la Guerra de la Independencia*, Santander: Manufacturas Jean, 1968, pp. 72-76.

大区的大多数居民只是被迫与法国侵略者合作。对于公开支持约瑟夫·波拿巴政权的西班牙人来说，即使他们或许真心认同法国的革命价值观，但是他们同样被西班牙民众视作叛国者。

1810年，桑坦德市政府邀请社会各界名流在市大教堂向法国将军博内(Jean Pierre François Bonet)致敬，因为他被任命为桑坦德总督。受邀的人士包括坎塔布里亚和阿斯图里亚斯两个大区高级委员会的代表、桑坦德市和奥维耶多市(Oviedo)市长、法国驻西班牙领事馆的官员、坎塔布里亚学院的校长、两个大区最有影响力的商界代表、外国领事和两个大区卫戍部队的军官，狄奥尼西奥也名列其中。在庄严的弥撒仪式结束后，桑坦德市市长圣地亚哥·阿里亚斯(Santiago Arias)赠送博内将军一把金剑作为西班牙人与法国人友谊的象征，以感谢他对这座城市的保护，同时向他展示西班牙人对他的忠诚。此外，在这次庆祝活动中，被约瑟夫·波拿巴提拔为坎塔布里亚国民警卫队指挥官的安东尼奥·德·奥耶斯托(Antonio de Ojesto)发表了演讲，着重强调桑坦德民众对法国军队的"感激之情"：

> 我们赠送给您的这把剑上装饰着该地区的纹章，上面还刻有我们获得自由的日期。将军，当您在荣耀的时刻使用它时，请记住，桑坦德民众把这份礼物献给了他们的保护者，献给了充满仁慈天性和天才能力的法军将领。①

① Archivo Histórico Municipal de Santander, A-73, 24.

但是,法军的到来在一定程度上同样促进了西班牙民族意识的觉醒。对于阿里亚斯、奥耶斯托甚至狄奥尼西奥来说,他们在约瑟夫·波拿巴政权倒台后很容易成为受清算的人。因为无论他们是否真正认同法国的革命价值观,他们都终究在战争期间与入侵的法国军队相勾结,并且公开表示效忠侵略者建立的政权,还在法国人控制的政府里任职。在西班牙爱国者的眼里,他们是卖国贼和叛徒。随着法军在 1813 年离开阿斯图里亚斯和坎塔布里亚以及费尔南多七世返回西班牙,对狄奥尼西奥的审查开始了。

费尔南多七世在西班牙各省设立了专门的法院,负责甄别和审判通敌卖国者。1815 年 7 月 10 日,狄奥尼西奥的中校军衔被复辟的波旁王朝政府取消。但是,战争结束后西班牙国内的自由主义和专制主义之间的斗争不断,狄奥尼西奥因此成为阿斯图里亚斯地区自由派的拉拢对象。

1820 年初,西班牙爆发自由派的起义,这迫使费尔南多七世于 3 月 10 日在马德里宣誓效忠宪法。① 西班牙历史上的三年自由期开始了,狄奥尼西奥也进入军衔晋升最快的时期。1821 年 2 月 4 日,在晋升为海军中尉仅两年后,狄奥尼西奥被派到穆特里库(Motrico)卫戍部队任职并晋升为上尉,但他在这里只工作了 10 天。同月 14 日,他又重新回到里瓦德塞利亚,仍然为上尉军衔。无论是从穆特里库这个地点本身,还是从狄奥尼西奥在穆特里库仅任职 10 天的经历来看,此次调动都更像是自由派政府帮助狄奥尼西奥快速晋升的技术策略。一方面,穆特里库属于西班牙的巴斯克(Vasca)大区。在以山地为主、相对孤立的山区里,巴斯克人长期自

① Rafael Sánchez Mantero, *Fernando VII*, Madrid: Arlanza, 2001, p. 144.

治。作为一名曾经屡次申请回到家乡任职、具有浓厚乡土情结的坎塔布里亚人，狄奥尼西奥应该不会真心想要前往语言、风俗都与自己的家乡截然不同的穆特里库长期工作。另一方面，里瓦德塞利亚与穆特里库两地相距216.42公里[①]，依据狄奥尼西奥的书信，当他在被释放回国时，他走完从圣让德吕兹(Saint-Jean-de-Luz)至毕尔巴鄂仅105.27公里[②]的路程就花了9天时间。[③] 换句话说，10天甚至不够狄奥尼西奥从里瓦德塞利亚前往穆特里库上任。事实上，狄奥尼西奥并没有前往穆特里库上任，而是一直留在里瓦德塞利亚。他的晋升，更像是自由派政府在里瓦德塞利亚的上尉人数已经饱和的情况下刻意安排的。

狄奥尼西奥在里瓦德塞利亚的部队中一直任职到1823年8月26日，之后他升任部队司令副官。在从1820年到1823年西班牙自由派统治的三年里，狄奥尼西奥三次升职。这样的升职速度，在19世纪初的西班牙较为罕见。然而，这一切随着支持君主立宪的资产阶级自由派政府在1823年被推翻、费尔南多七世重新建立起独裁统治而结束。1825年7月14日，狄奥尼西奥被强制停职接受审查。直至1826年4月16日，针对他的审查才结束。尽管在审查中没有发现任何狄奥尼西奥参与政治活动的确凿证据，但是他在约瑟夫·波拿巴统治时期担任军官的经历，以及他与自由派政府的良好关系，使他成为在西班牙政府中不受欢迎的人。直到费尔南多七

---

① https://www.distanciasentreciudades.com/buscar?origen=Ribadesella&destino=Motrico.

② https://www.distanciasentreciudades.com/buscar?origen=saint-jean-de-luz&destino=bilbao.

③ Manuel-Reyes García Hurtado, *Soldados sin historia: Los prisioneros de guerra en España y Francia a finales del Antiguo Régimen*, p.169.

世逝世后，在狄奥尼西奥77岁时，他才获得最后一次晋升的机会。1840年4月27日，狄奥尼西奥晋升为海军上尉。实际上，在7年前，也就是在费尔南多七世去世的1833年，狄奥尼西奥就有一次获得晋升的机会，但是被当时的海军总司令阿波达卡(Juan José Ruiz de Apodaca y Eliza)直接否决。否决理由与法国经历对狄奥尼西奥的精神改变不无关系："他总是表达对法国大革命的感情，鼓吹'自由''平等'，蛊惑人心。考虑到他曾经在波拿巴统治时期担任军官的经历，他的品行不适合担任海军上尉。"①

即使在77岁高龄成为海军上尉后，狄奥尼西奥仍然没能实现自年轻时就不断向政府申请、想要返回家乡的愿望。他的退役申请仿佛被当局遗忘，只能继续在里瓦德塞利亚度过余生。在他85岁时，里瓦德塞利亚的两位律师——马特奥·德·阿迪内斯(Mateo de Ardines)和弗朗西斯科·德·诺塞多·索托(Francisco de Nocedo y Soto)对狄奥尼西奥的遭遇深感同情，他们竭尽全力想要帮助他实现叶落归根的愿望。两位律师"以退为进"，从批评狄奥尼西奥的工作能力入手，提出令海军部无法反驳的退役理由：年事已高、疾病缠身，以至于无法继续履行担任海军军官的职责。在致海军部的信件中，两位律师写道：

> 本地海军军官狄奥尼西奥·德·拉斯·卡吉加斯先生，鉴于86岁的高龄和身染疾病的健康状态，他缺乏履行职责必需的敏捷性和精力。当需要带领海军训练和作战时，或者需要为过往船只提供有效且及时的帮助时，他

---

① Archivo General de Marina, 620, 198.

都无法向下属传达正确的命令，完全无法履行由法律所赋予的神圣职责。[1]

两位律师于1848年初开始向政府提出申请，并且获得希洪(Gijón)海军指挥官的支持。事实上，早在一年之前的1847年3月29日，希洪的官员已经向海军总司令表达过同样的顾虑。最终，在1848年7月4日，狄奥尼西奥的退休程序启动。11月11日，伊莎贝拉二世(Isabel II de Borbón)批准关于接替狄奥尼西奥职位人选的提议。在当年所有的退役军人中，85岁的狄奥尼西奥是年龄最大的一位。另外两位较为年长的军人是拉特雷斯(Lastres)和卢安科(Luanco)，他们分别是81岁和76岁。[2]

但是，希洪海军官员和里瓦德塞利亚的两位律师关于要求狄奥尼西奥退役的建议，是对他服役表现的质疑吗？答案是否定的。两位律师在信件中把狄奥尼西奥描述为一个“对事业充满纯粹感情的人”。海军官员尽管表达了对两位律师的支持，但是特别指出：这不代表他“谴责这名军官。相反，狄奥尼西奥的所作所为符合任何一位充满荣誉感的军官的行为举止”[3]。事实上，海军官员和律师们的请求，既是为帮助戎马一生的狄奥尼西奥早日叶落归根，也是对这名被法国大革命改变后半生命运的海军军官的同情。

最终，狄奥尼西奥于1848年12月14日退役。此时，他已经是一位连续服役了67年的老兵，一个将一生都奉献给西班牙皇家海军的人。或许是由于身体行动不便，或许是由于家乡已经没有让他

① Archivo General de Marina, 620, 198.
② Archivo General de Marina, 620, 198.
③ Archivo General de Marina, 620, 198.

牵挂的人和物，狄奥尼西奥在退役后没有返回心心念念的出生地，而是在感谢两位律师对他的帮助之后，选择在自己驻守了45年的里瓦德塞利亚度过最后的时光。退役三年后，他在1851年11月17日下午无疾而终，享年88岁。

从某种意义上看，狄奥尼西奥是个幸运的人。他出生在一个官员家庭，不仅有着平静温暖的少年生活，而且自17岁起就被父亲安排进海军邮政局工作，无须为生计发愁。另外，他很长寿，这在18世纪末19世纪初期细胞病理学和诊断学尚未完全建立的年代较为少见。然而，他又是个不幸的人。他一生中的大部分时间都在与故乡咫尺之遥的里瓦德塞利亚度过。狄奥尼西奥多次递交回家乡任职的申请，却都未得到批准。最终，他却依靠里瓦德塞利亚人的帮助才有了得偿所愿的机会。然而，此时他年老体衰，与家乡近在咫尺，却终生也没有再回到家乡。

但是，如果我们不知道他在31～32岁时被俘从而在革命的法国生活了一年时间的经历，就不能理解他的不幸，因为在法国的经历在很大程度上是他后半生悲剧的根源。他生命中失意的事情大都发生于费尔南多七世在1823年重新掌权以后，而这些事情的发生，并非因为他曾经被俘的耻辱，而是他对“自由”“平等”“博爱”等法国大革命理念的接受。他成为一个支持约瑟夫·波拿巴政府的人、一个与法国占领军合作的人、一个被自由派拉拢的人。尽管没有任何证据说明他参与了自由派反对费尔南多七世的政治活动，但是他屡屡表现出的“对法国大革命的感情”①，已足以使他的军事生涯深受政治局势波动的影响。

① Archivo General de Marina, 620, 198.

从他留存的书信的史料中，我们发现他不仅对在法国的时光念念不忘，而且频繁地向西班牙战友讲述这段经历。他滔滔不绝地谈论法国自大革命以来取得的成果、评论人民生活的变化、讲述战俘的生活、详细记录自1789年至1795年法国大革命期间发生的大事件。但是，他似乎刻意隐瞒了发生自1792年9月2日、在巴黎和法国其他城市持续5天的杀戮风潮，以及法国革命者对旺代叛军的屠杀。他对法国大革命的赞扬和法国大革命对他思想和精神的影响，也可以解释为何他在1819～1823年西班牙自由派当政的短短三年多时间内获得长官的赏识和职务上的快速升迁。

但是，法国占领军给西班牙人带来的不仅有法国大革命的价值观，还有民族意识的觉醒。这决定了狄奥尼西奥的悲剧，因为一个与占领军合作的人很难在西班牙获得完全独立后重新被政府、军队和民众接纳。然而，法国军队带来的革命思想在一定程度上改变了西班牙。“尽管费尔南多七世强烈反对，但作为旧制度象征的绝对君主专制正在让位于自由君主制。国王的权力是有限的，行使主权的权力被移交给国家……资产阶级成为蓬勃发展的社会群体和经济引擎。”①此时的西班牙，“一系列温和专制主义的改革使国家实现部分现代化，并预示着旧制度的终结和新国家的建立。这些都在费尔南多七世去世后得以完善”。② 就连西班牙帝国也在法国大革命的冲击下实质性土崩瓦解。在法国大革命价值观的传播下，西班牙大部分美洲领土的民众掀起独立运动，只有加勒比海群岛的古巴和波多黎各，以及菲律宾和太平洋上的部分岛屿仍处于西班牙的统

① Rafael Sánchez Mantero, *Fernando VII*, pp. 219-220.

② Rafael Sánchez Mantero, *Fernando VII*, p. 183.

治之下。

如果我们不全面探讨狄奥尼西奥在回国之后的经历，就无法准确理解在法国的被俘生涯对于他之后55年生活的意义，也无法准确理解法国大革命思想对战俘的深刻影响和作用。可以说，一年的被俘时光，影响了狄奥尼西奥的大半生。而无数释放回国的战俘，则在一定程度上影响了西欧其他国家在法国大革命后的发展进程和历史走向。法国大革命战争结束了，但是法国大革命的精神却通过许许多多的跨国群体在欧洲其他国家萌生、发轫、壮大、扩散。

结 语

历史学家谈论更多的往往是战争的胜利者，然而，失败者同样书写了历史。自古典时代以来，历经中世纪，直到法国大革命爆发前，欧洲逐渐形成对待战俘的固定模式，成为西方式战争文化的一部分。保护战俘的生命安全、对军官和士兵区别对待、以交纳赎金或者战俘交换的形式释放战俘，成为欧洲各君主国家的共识。然而，我们应该看到，这一模式是以宗教信仰、种族出身、阶级层次和社会地位为基础的，对战俘的待遇只是基督徒之间的仁慈。

随着法国大革命的爆发，在这场旨在摧毁旧制度的疾风骤雨式的革命中，革命者在一定程度上依然沿用了旧制度时期对待战俘的做法。正如拉蒙德所言，“一言以蔽之，我们必须按照旧制度的规范做事”[①]。然而，法国政府的战俘政策不只是简单的“新瓶装旧酒”，雅各宾派在对待战俘的方式上加入了革命的价值观念。平等，成为

① Sous la direction de M. J. Mavidal et M. E. Laurent, *Archives parlementaires de 1787 à 1860*, première série, Vol. 42, p. 732.

法国政府赋予西方式战争文化的新色彩。法国政府废除了欧洲自中世纪以来将战俘等同于具有经济价值的物品的赎金制度，确立了“个人对个人”的战俘交换制度，使没有资产交纳赎金的战俘也可获释。法国颁布了为战俘军官和士兵发放等额生活费和相同面包配额的法令，还跳出宗教框架，将对战俘的人道原则从基督徒扩展于全人类，帝国军队中的土耳其、斯拉夫战俘受到法国政府一视同仁的对待。平等的尝试还在一定程度上影响了必须与法国政府打交道的敌国政府。奥地利方面甚至在战俘交换谈判中主动提出被俘的普通士兵也应该得到“免费住宿、服装、冬季取暖燃料和每人每日2磅的面包配额”①。

法国大革命开了大规模雇用战俘工作的先河，这一规定后来在1949年的《日内瓦第三公约》第三编中成为现代各国的共识，甚至被视作保持战俘身体和精神健康的必要举措。② 相对于仍处于旧制度下的欧洲其他君主国，法国政府对外国战俘的看管并不严格。战俘营与外部世界并不是两条平行线。甚至为了更好地维护战俘的权利，法国政府还给战俘配备了翻译，让语言不再成为战俘与法国民众沟通的障碍。在工场、作坊、田间、工地，到处都有战俘的身影。正是在工作中，战俘加深了同法国民众的联系，不少人深受法国大革命的价值观影响，甚至一些战俘选择定居法国。

对于战俘个人来说，在法国的经历、同法国人的朝夕相处，让他

---

① Archives nationales, AF/II/147, 692, 109.

② Benoît Cuvelier, “Le régime juridique des prisonniers de guerre”, *Le droit international humanitaire* (*droit international des conflits armés*), Vol. 23, No. 4, 1992, pp. 773-796.

们在不知不觉中受到法国大革命价值观的影响，从思想上走近法国革命者。例如，西班牙战俘狄奥尼西奥，他似乎成为一名记者，在通信中滔滔不绝地向同胞展示法国在革命后的新气象。法国大革命带来的影响，不仅改变了战俘在回国后的命运，而且也改变了西班牙整个国家的走向。

附　录　法国大革命时期的战俘相关史料

(一)工作

1. 关于雇用战俘开展工作的法令

巴黎,共和三年雪月 3 日

救国委员会授权公共工作委员会(Commission des travaux publics)和各市镇政府雇用被关押在共和国内陆地区的战俘从事农业和修路工作。

拉扎尔·卡诺(Lazare Carnot)

史料来源:Archives nationales, AF/II/80, 593, 22。

2. 关于雇用战俘从事公共工程建设的法令

巴黎，共和二年雪月 29 日

救国委员会命令如下：

第 1 条：临时执行委员会(Conseil exécutif provisoire)采取必要的措施，以便被关押在共和国内陆地区的战俘和来自敌军的逃兵能够被雇用从事工作。按照霜月 4 日法令规定，他们应该被安排从事公共工程建设，特别是被安排修筑道路和运河。他们的工资标准可以等同于法国工人正常的日工资。工资标准由公共工程所在地政府最终确定。

第 2 条：鉴于一部分被征募到步兵团服役的士兵还没有配发枪支，因此按照霜月 16 日法令的规定，他们将被雇用从事与战俘和敌军逃兵同样的工作。具体执行由每个步兵团所在省份的政府部门负责。将此法令副本寄给各方面军司令，以便军官向士兵传达此项内容。法国士兵被雇用做工的工资标准与法国公民从事农业工作的工资标准保持一致。

史料来源：Archives nationales, AF/II/412, 3318, 33。

3. 关于雇用战俘修筑运河的法令

巴黎，共和三年热月 3 日

救国委员会颁布法令如下：

鉴于尽快修筑奥尔良运河(Canal d'Orléans)、蒙塔日运河(Canal du Montargis)和卢万运河(Canal du Loing)以提供水运渠道为巴黎供应物资的必要性；鉴于卢瓦雷(Loiret)省政府于获月 27 日批准了该省总工程师的报告，该报告认为政府有必要采取措施保证奥尔良运河和卢万运河修筑工程不会在今年农业铲茬期间中断。

救国委员会授权卢瓦雷省政府雇用战俘从事运河修筑工作，雇用战俘的人数由卢瓦雷省政府根据实际需要自行决定。这些战俘的食宿由运河沿线各工地所属的市镇政府负责。考虑到工作的强度较大，可以为战俘提供每人每日最多 2.5 磅的面包配额。

救国委员会

史料来源：Archives nationales，AF/II/230，1988，18。

4. 关于督促埃松运河工程承包商雇用战俘的法令

巴黎，共和二年热月 4 日

救国委员会致居住于巴黎市新奥古斯丁街(Neuve Augustin)

21号、承包埃松运河(Canal de l'Essonne)工程的工场主德拉威(Delaway)和勒帕耶(Le Paye)：

公民们：

委员会请你们雇用战俘和外国逃兵修筑运河，并尽快确定对战俘和外国逃兵的监管措施。待监管措施确定后，请将措施内容发送至运河沿岸的各个工地。

请你们务必与运河沿岸各市镇政府官员就雇用战俘和外国逃兵的数量达成一致，并督促战俘始终遵守共和二年获月29日法令的规定。

史料来源：Archives nationales，AF/II/230，1984，4。

5.圣奥梅尔市政府关于雇用战俘从事农业收割的申请

圣奥梅尔，共和二年热月14日

圣奥梅尔市政府致救国委员会：

根据你们在热月4日发布的法令，位于法国内陆、距离边境线超过20法里(lieue)的市镇政府有权雇用战俘从事农业收割工作。因此，我们特向你们提出以下问题：在当前局势下，我们是否可以认为自己处于距离边境线超过20法里的范围内。这是因为反法同盟的军队已经被法国军队赶出比利时，我们勇敢的战士占领了这个地区。因此，请求你们批准我们能够享受到雇用战俘带来的好处。

我们需要雇用战俘的另一个理由是我们缺乏劳动力。军需供应委员会(Commission des subsistances)在热月 3 日向我们下达了为北方军供应 32000 公担谷物的命令,并要求其中的四分之三是纯麦,四分之一是黑麦。交付期限是自小麦收割之日起的 90 天。

我们无法向你们隐瞒困难。如果你们不同意我们的请求,而又不向我们提供其他能够完成任务的途径和手段,我们将很难完成军需供应委员会下达的任务。你们应该知道,农业收割工作非常辛苦。因此,请求你们给我们调拨一部分正在开采硝石矿或者从事其他公共工程建设的战俘。我们希望你们能够尽快给予答复。

史料来源:Archives nationales, AF/II/230, 1984, 17。

6. 关于建议授权圣奥梅尔市政府雇用战俘从事农业收割的报告

巴黎,共和二年热月 22 日

战争部致救国委员会:

鉴于圣奥梅尔市政府官员提出雇用战俘的要求,我们倾向于批准该地区的农业生产者享受救国委员会热月 4 日法令第 1 款的红利。该法令允许农民雇用战俘在法国内陆地区从事农业收割工作。

救国委员会颁布的法令规定,战俘只能在远离边境至少 20 法里的地区从事农业工作。然而,鉴于比利时已经被共和国的军队占领，因此我们认为法国北部地区不必再严格执行此项规定。我们建议：

一、鉴于圣奥梅尔市以劳动力缺乏为理由提出申请，授权圣奥梅尔市政府官员雇用一定数量的战俘从事农业收割工作。

二、请圣奥梅尔市政府官员就此事与总参谋部和北方军总司令协商。

三、该地区确认雇用战俘的名单后，将战俘名单制成一式三份，战争委员和战俘营营长在名单上签字署名。当战俘从战俘营中被押送到圣奥梅尔后，圣奥梅尔市政府官员同样需要在名单上签字署名，以作为接收战俘的收据。

四、这一式三份名单，一份将被移交给总参谋部，一份交给战争委员保管，一份由圣奥梅尔市政府保存留档。

五、战俘在农业收割工作完成后将被立即押回战俘营。

六、在战俘被雇用期间，圣奥梅尔市政府官员要采取适当措施监管战俘以防止他们逃脱，那些企图逃跑的战俘将被关押在监狱里，直到战争结束才能被释放。

史料来源：Archives nationales，AF/II/230，1984，28。

7. 关于授权圣奥梅尔市政府雇用战俘从事农业收割工作的法令

巴黎，共和三年雾月 4 日

根据物资供应和贸易委员会（Commission du commerce et

approvisionnement)的报告,授权圣奥梅尔市政府在其管辖地区雇用战俘从事农业收割工作,并采取一切适当的监管措施来维持当地的公共秩序。

罗伯特·林德(Robert Lindet)

史料来源:Archives nationales, AF/II/230, 1984, 5。

8. 关于授权公民德莱特雇用战俘的法令

巴黎,共和三年霜月5日

救国委员会授权公民德莱特(Delaitre)在所在地区的战俘营中挑选6位战俘到他的工场里工作。该公民在埃唐普市(Étampes)拥有一家棉纱水动制作工场。

请陆军组织和行动委员会(Commission de l'organisation et du mouvement des armées de terre)负责执行此法令。

救国委员会

史料来源:Archives nationales, AF/II/230, 1986, 5。

9. 关于授权公民马特尔雇用战俘开采卢瓦尔省煤矿的法令

巴黎，共和三年雪月 9 日

救国委员会根据武器、火药和矿产开采委员会（Commission des armes, poudres et exploitation des mines）的报告，特决定如下：

授权公民马特尔（Martel）雇用 30 名战俘从事煤矿开采工作，煤矿工场位于卢瓦尔省（Loire）罗阿讷市（Roanne）桑福里安德莱镇（Symphorien-de-Lay）。这 30 名战俘将被从矿山附近的战俘营中挑选出来。这些战俘应当从事过此类工作，并且年富力强、富有工作能力。

陆军组织和行动委员会与武器、火药和矿产开采委员会共同负责执行该法令。

史料来源：Archives nationales, AF/II/79, 854, 20。

10. 关于雇用战俘开采加来海峡省煤矿的法令

巴黎，共和三年风月 25 日

救国委员会根据武器和火药委员会（Commission des armes et poudres）的报告，特决定如下：

一、授权武器和火药委员会雇用50名战俘从事煤矿开采工作，煤矿位于阿尔丹冈镇(Hardinghen)。这50名战俘将从加来海峡省(Pas-de-Calais)滨海布洛涅市(Boulogne-sur-Mer)的战俘营中挑选，他们应当是战俘营中最适合从事此类工作的战俘。

二、奥地利或者英国战俘不能被挑选从事煤矿开采工作。

三、陆军组织和行动委员会负责下达必要的指令，以便使这些战俘立即前往矿场工作。

四、武器和火药委员会负责在煤矿开采过程中采取适当且符合共和国利益的措施监管战俘，并随时将执行情况向救国委员会汇报。

史料来源：Archives nationales, AF/II/79, 854, 58。

11. 关于授权公民马丁雇用战俘提取泥炭的法令

巴黎，共和三年霜月13日

救国委员会根据武器和火药委员会的报告，特决定如下：

授权公民马丁(Martin)即武器和火药委员会的项目中标人，在默伦市(Melun)或枫丹白露市(Fontainebleu)的战俘营中挑选12名战俘提取26000株泥炭。工作场地在塞纳河-瓦兹省(Seine-et-Oise)科尔贝伊市(Corbeil)梅讷西镇(Mennecy)。这12名战俘的工资由马丁承担，工资标准等同于被雇用去修筑埃松运河的战俘。

陆军组织和行动委员会与武器和火药委员会共同负责执行该法令。

史料来源：Archives nationales，AF/II/79，853，51。

12.关于雇用战俘开采伊泽尔省铅矿的法令

巴黎，共和三年芽月23日

救国委员会根据武器和火药委员会的报告，特决定如下：

一、授权铅矿开采项目中标人雇用12名战俘从事铅矿开采工作，铅矿位于伊泽尔省（Isère）维埃纳市（Vienne）。这些战俘将从维埃纳市的战俘营中挑选，特别要注意挑选最适合从事此类工作的战俘。

二、铅矿开采项目中标人负责监管战俘。如果发生战俘逃跑事件，将追究中标人的责任。

三、陆军组织和行动委员会负责下达必要的指令，以便使这些战俘立即前往铅矿工作。

四、武器和火药委员会负责向救国委员会汇报本法令的执行情况。

史料来源：Archives nationales，AF/II/79，855，10。

13. 关于雇用战俘开采勃朗峰省煤矿的法令

巴黎，共和三年热月 12 日

救国委员会根据武器和火药委员会的报告，特决定如下：

一、授权煤矿开采项目中标人雇用 30 名战俘从事煤矿开采工作，矿山位于勃朗峰省。这些战俘将在目前距离矿山最近的战俘营中挑选，他们应当是被认为最适合从事这项工作的战俘。

二、陆军组织和行动委员会负责下达必要的指令，以便使战俘立即动身前往矿山开采煤矿。

三、煤矿开采项目中标人负责采取必要的措施以避免这些战俘逃跑。如果是疏忽导致战俘逃跑，中标人将作为第一责任人被追究责任。

四、武器和火药委员会负责在煤矿开采过程中采取适当且符合共和国利益的措施监管战俘，并随时将执行情况向救国委员会汇报。

史料来源：Archives nationales, AF/II/79, 586, 5。

14. 关于请求批准战俘离开战俘营工作的申请

莱桑德利(Les Andelys)，共和三年芽月 12 日

莱桑德利市总检察长致信救国委员会：

公民们，代表们：

我目前正在采取必要的措施以执行国民公会在本月 9 日颁布的法令。该法令规定，任何被共和国军队俘虏的战俘在被押送到法国后，不得在没有得到政府批准的情况下擅自离开被囚禁地点或者政府指定的住所，否则将被判处 6 年有期徒刑。然而，在追捕违反该法令的战俘之前，我想要了解那些已经得到授权居住在本市以外地区的法国公民家中的战俘是否被包含在法令的执行范围之内。

我之所以向你们提出这个问题，是因为我认为那些已经在指定住所或者战俘营所在市镇以外地区工作的战俘，不应该被包含在法令的执行范围之内。但是，我还是命令警察立即将这部分战俘带回本市，因为我确信警察不会对战俘进行惩罚和虐待。因此，如果获得批准，我认为我们应该给予战俘足够的信任，以便让他们走出战俘营或者指定住所从事工作。

我还观察到，对于从事农业工作或者某些行业的机械工作的战俘来说，到目前为止，无论是在战俘逃跑还是在扰乱公共秩序方面，我们都无须对战俘的行为过于担忧。因此，我认为有必要向战俘颁发许可，让他们得以继续在战俘营或者指定住所之外的地区工作。另外，考虑到战争委员或者地区总检察长有时不在工作岗位上，我希望你们向法国公民授权，以便他们能够自行雇用战俘从事农业或者机械等方面的工作。

史料来源：Archives nationales，AF/II/229，1977，18。

(二)战俘管理

15. 关于分配战俘至奥布省的报告

特鲁瓦(Troyes),共和二年果月 26 日

奥布省政府会议记录(摘录):

秘书宣读了在阿登省(Ardennes)执行公务的人民代表德拉克鲁瓦签署的法令。该法令指出,在马恩省的各个市镇,特别是在沙隆(Chalons)地区,战俘数量远高于救国委员会颁布的共和二年获月 29 日法令规定的各市镇接收战俘的数量。因此,德拉克鲁瓦要将被关押在勒凯努瓦市战俘营中的 2900 名战俘平均分配到奥布和上马恩(Haute-Marne)两省的战俘营中。

省政府官员同时阅读了奥布省战争委员加尼耶(Garnier)在前一日的来信,他在信中请省政府采取适当措施,迅速分配或者疏散来自其他省份的战俘。

秘书随后又拿出了另外两封信。一封来自特鲁瓦市政府官员,另一封来自该市下辖镇区的军官。他们向省政府官员描述了大量战俘在其管辖地区逗留两个月以上可能造成的不便,因此敦促省政府官员立即采取必要措施,要么授权他们与塞纳河畔巴尔市(Bar-sur-Seine)官员共同分配和安置战俘,要么向救国委员会申请让这些"寄生虫"离开我们的省份。

依据救国委员会的获月 29 日法令,特别是其中第 4 款和第 5

款的规定，同一个战俘营中不得关押超过150名战俘。那些建有城墙的封闭城镇，以及那些建有城堡的市镇可以容纳更多的战俘，但是数量也不得超过400人。

根据会议讨论的内容，并考虑到有关法令已经对该主题进行明确，我们根据各市镇的实际情况建立了安置各方面军战俘的战俘营。它们是获月29日法令指定的市镇，即特鲁瓦、诺让（Nogent）、阿尔西（Arcis）、奥布河畔巴尔（Bar-sur-Aube）、塞纳河畔巴尔（Bar-sur-Seine）、埃尔维（Evry）。实际上，这也是仅有能够建立战俘营以接收战俘的市镇。

鉴于上述市镇中已经安置了511名战俘，因此根据法令规定，在上述市镇中还可以继续安置639名战俘。然而，距离德拉克鲁瓦的要求相差很远，还有811名战俘无法得到安置。

鉴于省政府无权自行向外省疏散和分配这些多余的战俘，因此，必须立即在战俘安置方面采取措施，因为本省的战俘营中显然存在超负荷和人员拥挤等情况。

鉴于虽然省政府无权直接处理与战俘有关的事务，但是如果省政府在战争委员、市镇官员等人的要求下始终保持被动以及不采取任何行动，省政府既不会减少在战俘安置问题上的责任，也无法承担战俘聚集在本省所产生的庞大费用。

鉴于省政府的管辖权范围内没有额外的市镇具备足够能力完成人民代表设立的目标，因此要采取必要措施，如改善现有战俘营的卫生状况，以执行德拉克鲁瓦的法令。

省政府命令公民马西（Massy）与塞纳河畔巴尔市政府的官员摩尔（Maure）取得联系，以便将1000多名战俘安置到摩尔管辖的市镇。同时，告知他省政府当前在安置战俘问题上面临极大的困境，并告知他关于人民代表德拉克鲁瓦准备将 1450 名战俘分配到本省的消息，请他列出能够安置这些战俘的镇区。如果他拒绝接受这一决定，我们将向救国委员会提出要求以获得足够的支持。

签名：特鲁尔（Truelle），劳森特（Lauzent），马库（Machou），格拉森（Grasson），马西和秘书雅奎索（Jacquissot）

史料来源：Archives nationales，AF/II/230，1984，53。

16. 关于了解各市镇政府安置战俘工作执行情况的通知

巴黎，共和二年果月 22 日

救国委员会致各市镇官员：

救国委员会于共和二年获月 29 日颁布了关于战俘和敌军逃兵的法令，并将该法令副本发往全国各市镇。救国委员会颁布此法令的目的是维护民众利益，通过采取必要的特别措施以防止战俘和敌军逃兵扰乱民众的日常生活和地方的公共秩序。

救国委员会现需要了解该法令的执行情况和执行效果，以及战俘和敌军逃兵在各市镇中的数量。因此，你们在收到此通知后，请立即向救国委员会撰写一份包含战俘安置场点、战俘分配情况、战俘实际生活状况三部分内容的报告。

你们还要编制一份管辖地区的战俘和敌军逃兵清单。此清单要包含所属省份负责安置战俘与敌军逃兵的市镇列表、各方面军根据获月 29 日法令向你们所属省份移交的战俘和敌军逃兵数量、所属省份下辖各市镇最终安置战俘和敌军逃兵的数量。

救国委员会还需要你们报告关于押送战俘和敌军逃兵前往安置地、在战俘营中管理战俘和敌军逃兵、监视他们和民众交往等方面的情况。最后，请各市镇政府向救国委员会说明各自地区能够接受和安置战俘与敌军逃兵的最大数量。此数量应该根据地区地形和资源条件得出。我们由此可以依据你们的报告评估这些外国士兵在各市镇的生活情况，以及授权他们生活在法国民众中的利弊。这对于救国委员会做出新的决定和采取新的措施是极其必要的。

史料来源：Archives nationales，AF/II/230，1984，50。

17. 关于洛赞市无法安置战俘的报告

洛赞(Lauzun)，共和二年果月 18 日

洛赞市政府致救国委员会：

我们对管辖范围内所有城镇的情况进行了考察，以了解本市辖区内是否有城镇能够符合共和二年获月 29 日法令的要求以安置战俘。然而，在向各城镇的官员了解情况之后，他们向我们提供了各个城镇的真实情况。我们没有得到积极的答复。

事实上，本地区无法安置战俘，因为我们没有任何能够安全地安置战俘的建筑物。一方面是由于本地区仅有的几座大型建筑不够牢固，无法保证战俘不越狱逃跑；另一方面，本地区没有大城市、

要塞、军营、城堡，几乎都是村庄，这是因为本地区的要塞、军营和城堡都被拆毁了。

本地区也没有能够满足战俘需求的用具，而购买这些用具的费用将是一笔可观的花销，并且很难有途径获得这笔经费。本地区如果要接收和安置战俘，必须修建新的建筑物，以及购买满足战俘需要的用具。然而，我们认为这并不在你们的计划之内。

因此，本地区政府官员向你们汇报在战俘安置方面的情况，希望你们能为我们建立新的建筑物提供预算。

至于外国逃兵，我们可以把他们分配到本地区主要的城镇中。

史料来源：Archives nationales，AF/II/231，1995，51。

18. 关于夏朗德省安置战俘的法令

巴黎，共和二年果月 19 日

救国委员会致夏朗德省政府官员们：

公民们：

根据共和二年获月 29 日法令规定，尽管夏朗德省被指定接收来自大洋海岸方面军的战俘，但是没有条款规定该省只能接收来自一个方面军的战俘。

救国委员会要求该省采取措施接收来自西比利牛斯山方面军的战俘，因为接连的胜利使战俘的数量不断上升，而且大洋海岸方面军的战俘大多数是水兵。

救国委员会命令该省政府官员雇用更多的战俘营看守，以监视和避免战俘妨碍地方安宁。

查尔斯·科琼(Charles Cochon)

史料来源：Archives nationales，AF/II/230，1984，47。

19. 关于审判三名皮埃蒙特战俘的咨询信

格勒诺布尔(Grenoble)，共和二年牧月 16 日

应三名皮埃蒙特战俘的要求，阿尔卑斯山方面军军事法庭致陆军组织和行动委员会：

有三名皮埃蒙特战俘给我们寄来信件，他们自称原是法国军队中的逃兵，分别于 1782 年、1784 年、1785 年逃离法国军队。他们在信中向我们提出以下问题：

一、自这三名逃兵从法国军队中叛逃后，他们的行为从未得到过法国政府的赦免。因此，是否可以依据 1791 年 7 月 14 日和 28 日、1792 年 2 月 8 日颁布的关于特赦逃兵的系列法令赦免他们？

二、这些逃兵是否应该被视为流亡者？1792 年 8 月 9 日、1793 年 3 月 18 日和 23 日颁布的关于持有武器对抗法国的流亡者系列法令是否适用于他们？

三、按照共和二年雨月 3 日法令，他们是否应该由依据 1792 年 8 月 9 日、1793 年 3 月 18 日和 23 日等法令成立的军事委员会审判？

四、阿尔卑斯山方面军军事法庭是否有能力对这三名逃兵的身份进行判断？要否要把所有持有武器对抗法国的法国人都视作流亡者？是否应该由陆军总参谋长任命一个军事委员会来处理这件事？

我们请求你们尽快回复有关这几名战俘的问题，以便法庭和军官明白接下来应该如何去做。相关法律和法令的匮乏迫使我们不得不向你们询问上述问题，或许这些问题的答案已经在某些法令中有所体现。

史料来源：Archives nationales，AF/II/230，1983，28。

20. 对审判三名皮埃蒙特战俘的咨询信的回复

巴黎，共和二年获月 1 日

陆军组织和行动委员会致阿尔卑斯山方面军军事法庭：

陆军组织和行动委员会根据共和二年花月 24 日的报告内容，将三名分别于 1782 年、1784 年、1785 年从法国军队中叛逃的皮埃蒙特战俘送往阿尔卑斯山方面军军事法庭接受审判。

然而，你们就这三名皮埃蒙特战俘提出了以下问题：一、他们是否曾经通过特赦获得过法国政府的宽恕。二、他们是否被视作持有武器对抗祖国的流亡者。三、他们应该交由军事委员会还是军事法庭审判。

1792 年 2 月 12 日颁布的法令特赦了在 1789 年 6 月 1 日之前从法国军队中叛逃的士兵，并且要求逃兵在 1792 年重返法国军队。

然而，这三个人未能履行此项义务，因此他们不能享受这项法令规定的待遇。他们应该被送往法庭接受审判。

至于他们是否被视作手持武器的流亡者，这个问题很难回答。尽管他们在 1789 年 7 月 1 日之前离开了法国，但是毫无疑问，他们被俘虏的地点是在敌国领土。因此，要回答他们能否被视作流亡者的问题，必须要确定他们前往皮埃蒙特的时间，即他们是在皮埃蒙特对法国的敌对行动开始之后前往该国，还是在敌对行动开始之前。如果是第一种情况，很明显他们能够被视作流亡者；在第二种情况下，他们不是流亡者。

但是，他们始终是持有武器对抗共和国的法国人。依据于 1791 年 8 月 6 日生效的刑法第 3 款第 1 条和第 2 条的规定，任何持有武器对抗法国的法国人都将被判处死刑。

比斯东（Piston）将军同皮埃蒙特军队签署的战俘互换协议中包含了这三名被关押的战俘，但是他们拒绝被交换而宁愿留在共和国境内。他们必须考虑拒绝重返皮埃蒙特的后果。因为如果他们同意被交换回国，他们将免于被起诉。

陆军委员会将组织一个军事委员会对这三名原籍法国、在 1789 年 7 月 1 日之前从军队中叛逃离开法国、进入敌军并成为战俘的皮埃蒙特人的行为进行审查。

建议将这三人交予陆军委员会及其附属机构审判，主要审判内容包括根据他们流亡的时间来界定其是否应当被视作流亡者，以及他们持有武器对抗法国和叛逃的行为。

史料来源：Archives nationales，AF/II/230，1983，37。

21. 共和三年花月 18 日人民代表吉耶罗关于战俘生活费用的报告

穆兰(Moulins),共和三年花月 18 日

阿列省(Allier)人民代表吉耶罗(Guillerault)向救国委员会报告:

阿列省战俘营营长向我报告说救国委员会最近颁布的法令减少了战俘的日常面包配额,即从每日 24 盎司减少至每日 16 盎司。然而,这项削减面包配额的措施使战俘无法继续维持自己的生活,这是因为当前食物的价格极其昂贵。因此,请求你们采取严格、公正的措施在金钱方面给予战俘一定程度的补偿,至少帮助战俘获得一些必要的食物,如食用盐和一些蔬菜。

鉴于当前市面上销售的食品价格过高,如果按照救国委员会法令中规定的标准向战俘提供生活费,各省战俘营中的战俘都无法维持正常的生活。

另外,我们必须采取一切可能的方法来维持公共秩序,以及防止战俘逃跑。战俘营看守的工作过于繁重,并且毫无疑问战俘们都在想方设法逃跑。如果无法给战俘提供足够的食物,生计问题将致使越来越多的战俘选择逃跑。他们要么逃到覆盖有茂密森林的地区,要么大量聚集在某地,这无疑会给所在地区的公共安全带来风险。

最后,考虑到人道、公正和人权,我们认为一个文明的民族必须

能够维持战俘的生活，因为战俘只是把军事命运交予俘虏他们的军队，他们仍然享有作为人的权利。我们建议你们下达一个临时性的命令，授权阿列省战俘营中的战俘在领取法令规定的生活费之外，再额外每日获得5苏生活费。换句话说，战俘每人每日可以领取15苏的生活费与16盎司的面包，这应该足以维持战俘的生存。

阿列省负责接收战俘的战争委员应当根据此报告的内容获得授权，提前预支给战俘必要的生活费用，该生活费用应以货币的形式支付。此报告除寄给救国委员会以外，报告副本将寄给各战俘营营长、阿列省总检察长。

写于穆兰，共和三年花月18日

史料来源：Archives nationales，AF/II/85，630，6。

22. 关于战俘营翻译普里泰利留在巴黎治疗眼疾的申请

巴黎，共和三年霜月9日

第九委员会致救国委员会：

陆军委员会向我们报告：它根据救国委员会于共和三年葡月下达的命令，向一名叫作普里泰利（Pritelly）的战俘营翻译询问了战俘在索姆省的情况。陆军委员会发现，该省的民众对待战俘过于热情，认为这可能与法国大革命带来的变化有关。

普里泰利分别给蒙迪迪耶市（Montdidier）和亚眠市（Amiens）

的政府官员写了信。两市下辖镇区的官员尚没有就共和二年获月29日法令的执行情况做出回应，但是两市政府的官员回信说已经在管辖区域内执行获月29日法令的规定。

另外，由于亚眠市政府官员和第15师军官要求两名被法军扣押的人质，即维特(Vith)和洪堡(Hombourg)提供他们的真实身份证明，普里泰利陪同两人前往巴黎进行身份验证。现在，普里泰利请求你们授权他留在巴黎一段时间，因为他患有眼疾，希望能够在巴黎接受治疗。陆军委员会特此向我们建议，批准他10天的假期。

巴黎，共和三年霜月17日

同意。

救国委员会

史料来源：Archives nationales, AF/II/230, 1986, 8。

23. 关于将战俘送回斯派尔的报告

巴黎，共和三年风月6日

第九委员会致救国委员会：

美因茨上尉法舒根(Fashugen)、中尉卡梅勒(Cammerer)在法军于1792年9月30日占领施派尔时被俘。两名战俘向我们报告说,库斯汀将军在他们投降时答应他们可以继续居住在当地,但将军随后却又下达命令把他们转移到位于讷韦尔(Nevers)的战俘营中。现在,他们要求我们遵守库斯汀在施派尔向他们做出的承诺,释放他们回家。他们愿意以军人荣誉作为担保,发誓在敌军释放回两名同等军衔的法国战俘之前,他们不会再次拿起武器同法军作战。

第九委员会发现,他们提到的库斯汀将军的承诺,由人民代表吉勒马德(Guillemardet)在施派尔进行过确认,这是两名战俘所能提供的有力证据。第九委员会认为,救国委员会应该确认库斯汀将军是否在战俘投降时做出过承诺,因为法兰西民族的美德和忠诚要求我们在任何细微之事上都要进行反复检查和确认。如果情况属实,第九委员会建议救国委员会批准战俘以宣誓的形式获得假释,回到家乡。

第九委员会

巴黎,共和三年风月20日

同意,将此事交由外交办公室(Bureau des relations extérieures)进行处理。

救国委员会

史料来源:Archives nationales, AF/II/230, 1987, 7。

24. 关于上莱茵省政府官员押送战俘情况的报告

巴黎，共和四年雪月 12 日

战争部长致信督政府：

督政府要求我在本月 23 日前递交一份关于上莱茵省（Haute-Rhin）政府所负责的战俘押送情况的报告，并要求我调查上莱茵省负责押送战俘的官员每月只能分三次领取一笔微薄的工资的情况是否属实。

鉴于督政府要求我特别留心调查上述内容，现向你们报告以下情况：

尽管押送战俘的任务通常由宪兵队负责，但是由于上莱茵省邻近边境，与敌军部署地区距离较近，因此上莱茵省政府每天都要接收大量被前线部队俘虏的战俘。由于宪兵人手不足，上莱茵省政府有时候不得不派遣国民警卫队负责押送战俘。因此，该省的宪兵数量不能够填补因战俘数量不断增加而出现的人力缺口。另外，出于谨慎，该省政府同样不能允许战俘自行前往被安置地。

战争部对于此问题的建议是：将押送路程划分为几个路段，宪兵队只需负责各自路段的战俘押送工作。另外，该省政府需要为负责押送战俘的军官提供免费住处。

史料来源：Archives nationales，AF/III/1518，710，244。

(三)战俘逃跑

25. 关于抓捕逃跑战俘的报告

圣迪济耶(Saint-Dizier),共和二年果月 21 日

圣迪济耶市政府官员致救国委员会:

在蒙捷昂代尔镇(Montier-en-Der),有 8 名战俘在本月 16 至 17 日夜间从战俘营中逃跑。这是因为我们的看守无法监视战俘营中的每一个角落,而战俘营外的环境则有利于战俘逃跑。因此,我们认为应该采取措施避免战俘与外界接触。

18～19 日,圣迪济耶市政府官员在蒙捷昂代尔镇视察战俘营的情况,结果在 19 日凌晨 3 点又有 10 名战俘从这座战俘营中逃跑。官员立即组织看守搜索了整片森林,但是由于看守过于疲劳,他们无法搜索整座城镇,因此没有找到逃跑的战俘。我们请求你们同意增加战俘营看守的数量,并且要求他们以最严格的措施监视该地区的所有角落。

本市官员又去了瓦西(Wassy)地区,发现该地有 7 名战俘从索莫瓦尔镇(Sommevoire)的战俘营中逃跑。看守搜索了他们逃跑可能经过的道路,但是仍然没有发现他们。

史料来源:Archives nationales, AF/II/230, 1984, 50。

26. 关于战俘逃跑现象的报告

勒芒，共和三年牧月 25 日

奥恩省(Orne)和萨尔特省(Sarthe)人民代表杜布瓦·杜·拜(Dubois-du-Bais)致救国委员会：

公民们：

我收到越来越多关于战俘逃跑的报告，这迫使我必须紧急向你们呈上这份报告，以唤起你们对这种现象有可能在国家范围内引发巨大风险的注意。

不久之前，我就这一问题同沙特尔市政府官员通过信。在这一地区，有一座关押着大量战俘的战俘营，这些战俘来自多个国家。目前，有许多战俘不断地从这座战俘营中逃跑。无独有偶，根据我收到的萨尔特省卢瓦河畔蒙市(Mont-sur-Loire)官员的信，在布卢瓦镇(Blois)，该地的战俘营中也存在战俘逃跑的现象。当地官员告诉我，驻守在卢瓦河畔蒙市的军队和宪兵在两天之内已经逮捕了 21 名趁着夜色逃跑的战俘，他们取得的成绩使他们无须前往其他城市抓捕战俘，也避免了这样做可能造成的大额花费。如果我们就这些战俘的逃跑原因对他们进行审问，你们就能听到他们自己编造的答案，即前往朱安党人的控制区，以便获得数量更多、质量更好的面包。很明显，这些凶恶的外国人以口粮不足为借口，投奔自称为朱安党的强盗，犯下和朱安党人一样的罪行，甚至犯下比朱安党人更恶劣的罪行。

这是因为，这些野蛮的奴隶无法理解共和国的价值观，因此他们的头脑不能支配他们的行动。也就是说，他们的思想不足以制止他们在共和国的土地上进行抢劫等活动。而且，朱安党人已经认识到他们能够通过逃跑的战俘获利。因此，他们招募战俘或外国逃兵，把他们组织起来以壮大自己的力量。另外，毫无疑问，有法国人充当向导帮助战俘逃跑。基于以上事实，公民们，同胞们，我认为我应该向国民公会提议紧急制定一项法令。根据该法令，所有从战俘营中逃脱的战俘和外国逃兵都将被视作为前往朱安党人的占领区。同时，鉴于我们当前对他们的镇压手段不够严厉，更重要的是，鉴于这些外国人从位于农村的战俘营中逃出后会立即扰乱当地的公共秩序，因此我们应当把法令下发给所有建有战俘营的地方政府，要求地方官员严格执行法令，以防止更多的战俘逃跑，防止已经逃跑的战俘返回。这是因为，这些战俘会吸引更多的战俘逃跑。如果战俘逃跑现象无法控制，那么说明我们对战俘和外国逃兵的监视手段缺乏效率。因此，鉴于卢瓦河畔蒙市的军队已经逮捕一些逃跑的匈牙利战俘和奥地利战俘，我将对此下达命令，派军队以一种安全可靠的方式将这些被抓捕回来的战俘押送到库尔(Cours)或旺多姆(Vendôme)，因为让战俘居住在这两个城市及其附近村庄对我们来说更加安全。如果你们对此没有意见，我们可以根据共和三年牧月 9 日法令的规定在这些地点尝试安置战俘。

最后，关于其他逃跑的战俘，我认为必须谨慎地考虑是否需要将所有战俘转移至远离朱安党人控制的区域。公民们，同胞们，希望我的这封信能够引起你们的注意，这对于我来说是一种鼓励，我将不断加深对所有涉及战俘逃跑的情况的了解。这样，当我在较好地完成任务后，希望能够让祖国对我感到满意。另外，借此机会提醒你们，卢瓦河畔蒙市居民的爱国主义情感和该地区的局势也要求我们必须执行本报告中提到的建议。

杜布瓦·杜·拜

史料来源：Archives nationales，AF/II/229，1976，34。

27. 关于驱散战俘和敌军逃兵的法令

巴黎，共和二年风月 6 日

救国委员会颁布法令：

救国委员会了解到，在巴黎聚集有大量从战俘营中逃跑的战俘和来自敌军的逃兵。这些外国人不断涌入首都，辱骂巴黎居民，为这座城市带来公共安全的不确定性和生活物资的匮乏。命令执行委员会(Conseil exécutif)采取措施，以迫使从战俘营中逃跑并大量涌向首都的战俘和敌军逃兵远离巴黎至少 10 法里。同时，采取措施避免战俘和敌军逃兵聚集，从而把他们置于各地方政府的监管之下。

另外，执行委员会还要考虑如何执行救国委员会于共和二年霜月 4 日和雪月 29 日颁布的两项法令，这两项法令致力于安排战俘和敌军逃兵从事公共工程建设。

救国委员会成员

卡诺，俾约-瓦伦(Billaud-Varenne)，圣茹斯特(Saint-Just)，罗

比斯庇尔，罗伯特·林德、普里厄(Prieur de la Côte-d'Or)，伯特兰·巴雷尔，乔治·库东

史料来源：Archives nationales, AF/II/412, 3318, 49。

28. 关于了解执行委员会对共和二年风月6日法令执行情况的通知

巴黎，共和二年风月23日(1794年3月13日)

救国委员会致执行委员会：

公民们：

风月6日，救国委员会命令执行委员会采取措施，以迫使从战俘营中逃跑并大量涌向首都的战俘和敌军逃兵远离巴黎至少10法里。同时，要求你们采取措施避免战俘和敌军逃兵聚集，从而把他们置于各地方政府的监管之下。

现在，救国委员会需要了解你们当前对该法令的执行情况。

因此，救国委员会要求你们在24小时之内就该法令的执行情况提交一份详细的报告。

救国委员会成员

俾约-瓦伦，科洛-德布瓦(Collot-d'Herbois)

史料来源：Archives nationales, AF/II/412, 3318, 60。

(四)战俘获释

29. 授权法国驻瑞士使馆一等秘书巴赫与敌国就战俘交换问题进行谈判的法令

巴黎,共和三年热月 22 日

救国委员会:

鉴于在当前捍卫法兰西民族的战争中,我军俘虏的战俘人数不断增加,我们有必要向敌人展示在对待战俘方面所采取的人道主义和正义原则。

鉴于法兰西民族的利益要求我们尽可能久地剥夺战俘获得自由的权利,但这一利益实现的代价是使战俘个人陷入持久的不幸之中。

特命令如下:

第 1 条:授权法兰西共和国驻瑞士使馆一等秘书、公民巴赫(Bacher)负责在 1793 年 5 月 25 日法律的框架内与敌国开展交换战俘的谈判,用来自英国、德意志、汉诺威以及神圣罗马帝国各邦国的战俘交换回法国战俘。

第 2 条:为顺利完成谈判工作,巴赫可以直接与陆军组织和行动委员会联系,该委员会负责向他传递所掌握的全部信息,这些信息对巴赫来说是必不可少的。

第 3 条:被列入战俘交换名单的敌军士兵都将被释放。因此,1793 年 5 月 25 日法律第 10 款的规定同样适用于加入敌军而被俘虏的法国人。

第 4 条:战俘交换名单由交战各方自行制定。名单应分为两列,分别是每名战俘的姓名和军衔。

第 5 条:根据战俘营所在的位置,所有的战俘都将被就近送往巴塞尔和科隆(Cologne)。自战俘营前往两座城市以及战俘在两座城市等待交换期间所产生的费用由交战各方自行承担。

第 6 条:交战各方不得要求对方偿还在为战俘提供待遇、服装等方面产生的费用差额。

第 7 条:战俘应该向战俘营所在地居民偿还个人欠款。

第 8 条:当前已经通过假释被释放回国的战俘将被优先列入战俘交换名单。因此,陆军组织和行动委员会要立即把全部已获得假释的战俘名单发送给巴赫。

第 9 条:陆军组织和行动委员会每隔两周向救国委员报送有关战俘交换工作完成情况的简要报告。如果在战俘交换中遇到困难,陆军组织和行动委员会需在 24 小时之内向救国委员会汇报。

由陆军组织和行动委员会负责执行当前法令。

史料来源:Archives nationales, AF/II/230, 1989, 21 bis。

30. 战争部长贝耶就战俘交换协议致克拉克将军的信

巴黎，共和四年雪月 29 日

战争部长致督政府地形测量办公室负责人克拉克(Henri-Jacques-Guillaume Clarke)将军：

将军，我已收到您在本月 17 日的来信，我对信件中的内容感到非常满意。

根据您的要求，我向您发送一份于我国代表于果月 27 日在勒拉赫(Lorrack)与奥地利代表签订的战俘交换协议副本。

这份协议包含两个部分。第一部分是初步拟定的协议。这部分内容无须讨论，已被我国政府批准。

第二部分由标题、补充条款构成。然而，这也属于战俘交换协议的一部分。第九委员会对这部分内容进行了一些修改，我请您也对第二部分内容进行思考。

另外，为了让您更全面地了解该协议，我把负责战俘交换谈判的公民巴赫的批注也转发给您。他对第九委员会修改后的第二部分内容进行了评论，写在协议内容边沿。此外，我还需要向您转交第九委员会对第一部分内容的意见，以便能够为您的思考提供些许参考。

对第一部分内容没有做任何更改，它已经被我国政府批准。因此，您无须再考虑此部分的内容。

现在需要考虑的是第二部分内容，分为 6 条。

前两条已被法国政府批准。

第 3 条与 1793 年 5 月 25 日法律规定的原则不符，因此理论上应该被拒绝。

第 4 条是基于正义原则所做出的。我国政府可以向外国士兵保证，他们将拥有作为战俘所应拥有的一切有利于他们的权利。从这个意义上说，这一条也应该被批准。

第 5 条也已经被批准。

第 6 条与第 4 条具有相同的意义，同样应被政府批准。

将军，我希望我在这封信中所写的内容，能够回答您向我询问的内容，并且能让您得到您想要的答案。另外，根据第二部分第 1 条的规定，我请您释放目前在曼海姆(Manheim)军营中的战俘。

战争部长

奥贝特・贝耶(Jean-Baptiste Annibal Aubert du Bayet)

史料来源：Archives nationales，AF/III/147，692，107。

31.1795 年 9 月 13 日法国与奥地利达成的战俘交换协议（第一部分）

初步拟定的协议

基于法国与奥地利两国政府达成交换战俘的共识

签约双方

法兰西共和国负责交换战俘的委员会

神圣罗马帝国王室设置的战俘交换委员会

双方全权代表各自政府签订战俘交换协议

观察	内容
符合国民公会于 1795 年 5 月 25 日颁布的法令精神	第 1 条：战俘交换的原则是“个人对个人”“军衔对军衔”。
法国政府予以批准	第 2 条：双方确认两国政府于 1795 年 4 月 7 日签订的关于投降军人和非战斗人员不得进行交换的特别协议依然有效，而且该协议内容在未来也不得改变。
法国政府予以批准	第 3 条：奥地利政府提出残疾或患有无法医治的疾病的战俘不列入交换名单，而是应该将这两类战俘全部释放。法国政府同意执行此条款。
法国政府予以批准	第 4 条：两国政府于 1795 年 8 月 31 日签订的特别协议依然有效。该协议包含两份战俘交换名单，第 1 份名单中包括 70 名军官，第 2 份名单中包括 60 名军官和 397 名士兵。

续表

观察	内容
符合法国政府的原则	第 5 条：双方承诺遵循以下交换原则： 一、优先交换被关押时间长的战俘，尤其是在 1792 年和 1793 年的战事中被俘的战俘； 二、驻扎在瓦朗谢讷的法军军队中的奥地利战俘交换当地奥地利军队中的法国战俘。由于当地奥地利军队中的法国战俘数量较少，因此驻扎于其他地区的奥地利军队中的法国战俘，以及以军人荣誉担保获得提前释放的法国战俘可以被列入交换名单； 三、驻扎在伊珀尔（Ypres）的奥地利军队同驻扎在孔代的法军相互交换战俘，由于孔代法军中的奥地利战俘数量较少，因此法国政府可以把被关押在其他地区的奥地利战俘列入交换名单； 四、驻扎在沙勒罗瓦（Charleroi）的奥地利军队同驻扎在沃邦要塞（Fort Vauban）的法军相互交换战俘。由于沃邦要塞法军中的奥地利战俘数量较少，因此法国政府可以将被关押在其他地区的奥地利战俘列入交换名单； 五、驻扎在勒凯努瓦和驻扎在朗德勒西的奥地利军队同驻扎在勒凯努瓦的法国军队交换战俘； 六、所有在 1794 年、1795 年被俘的战俘，统一按照“个人对个人”“军衔对军衔”的原则进行交换。 签订于勒拉赫，1795 月 9 月 13 日

史料来源：Archives nationales，AF/III/147，692，108。

32.1795 年 9 月 13 日法国与奥地利达成的战俘交换协议（第二部分）

补充条款

神圣罗马帝国战俘交换委员会认为，有必要在战俘交换谈判中添加以下条款作为战俘交换协议的补充内容。

内容	观察
第 1 条：参加交换的战俘名单将在此协议达成后最迟一个月内以各自政府的名义提交给对方。在战俘交换完全结束之前，战俘不得持有任何武器。	由法国政府决定是否批准这一条款。依据经验，最多只能有三分之一的战俘可以被顺利交换回国。
第 2 条：法国军队中没有少校军衔。帝国委员会认为可以用被俘的法国中校交换被俘的奥地利少校。尽管这种交换是不对等的，但是帝国委员会认为，在法国军队没有设置掌旗官这一军衔的情况下，帝国用法国军士长交换回掌旗官，按照此例，用奥地利少校交换法国中校的做法同样可行。帝国提出这一建议的依据是：两国在《马泽克条约》（*Traité de Maaseik*）签订后进行战俘交换时奥地利掌旗官对应的是法国少尉或者军士长。	这项提议似乎是有根据的，但是否批准它取决于法国政府。

续表

内容	观察
第 3 条:如果按照“个人对个人”“军衔对军衔”的原则进行战俘交换,可能出现一方最终尚有大量军官无法得到释放,另一方则留存大量士兵的情形。因此,有必要在按照“个人对个人”“军衔对军衔”的原则进行战俘交换的基础上,允许按照以下规则进行军官和士兵之间的交换: 1 名见习兵交换 2 名士兵; 1 名下士交换 3 名士兵; 1 名军士长交换 5 名士兵; 1 名中尉交换 15 名士兵; 1 名上尉交换 20 名士兵; 1 名少校或者中校交换 30 名士兵; 1 名少尉或者掌旗官交换 10 名士兵; 1 名上校交换 40 名士兵; 1 名少将交换 50 名士兵。	由法国政府决定是否批准这一条款。依据经验,最多只能有三分之一的战俘可以被顺利交换回国。这一条款不符合国民公会规定的战俘交换原则,即“个人对个人”“军衔对军衔”。但是,在所有符合“军衔对军衔”原则的战俘都交换完成以后,有必要脱离这一原则,进行另一种形式的战俘交换。 法国政府可以修改奥地利方面的这一请求,或者完全拒绝它。
第 4 条:迄今为止,法国政府给予奥地利战俘的待遇既没有满足他们的需要,也不同于奥地利政府给予法国战俘的待遇。因此,现在应该采取措施:一是严格按照军衔给予所有战俘不同标准的生活待遇;二是为军官和士兵提供免费住宿、服装、冬季取暖燃料和每人每日 2 磅的面包配额。如果法国同意这一提议,我们将向法国政府转交一份面包配额表,维也纳宫廷希望法国政府能够按照此表给每名战俘发放面包。	法国政府欢迎奥地利方面的提议,绝对能让奥地利战俘感到满意。

续表

内容	观察
第 5 条：依据法国政府 1793 年 5 月 25 日法令第 23 款和第 24 款的规定，各交战国为战俘提供的生活费只是一项预付款。这一互惠性预付款的账目应由两国的会计部门根据战俘交换名单编制开支明细，并用对方国家的货币进行偿还。即奥地利向法国支付指券，法国向奥地利支付金属现金，并且在各自账目编制完成后的三月内完成偿还。	偿还提供给战俘的生活费预付款的提议是不可能实现的，因为这些帐目通常在和平条约签订后才提交给对方。因此，这是一项无效的要求。 正如我们在同普鲁士和西班牙签订和平条约后所做的那样。
第 6 条：由于军队撤退时容易产生道路拥挤等问题，因此战时医院较难跟随军队顺利撤退。撤退无序还会导致由于车辆数量不足患病或受伤的士兵被遗弃的情况，这将使他们陷入可怕的境地甚至死亡。人道主义原则要求获胜方在接受敌军投降时，保护除要塞医院外任何类型的医院，以及战俘的财产、金钱、个人物品。另外，被战俘雇用的佣人以及生病的士兵不能被视作战俘。获胜方负责向医院人员提供必要的预算以治疗和照料病人。病人康复后将被释放，获胜方要提供免费的车辆以便他们返回军队。 因此，符合以上条件的战俘将得到释放。 签订于勒拉赫，1795 年 9 月 13 日	负责签署战俘交换协议的官员在没有得到明确指示的情况下，向奥地利方面承诺将这 6 项内容纳入战俘交换协议的补充条款，并提请法国政府批准。请法国政府尽快正式批准他与奥地利方面达成的协议，因为这符合两国战俘的利益。 写于巴塞尔，共和三年果月 27 日 巴赫

史料来源：Archives nationales，AF/III/147，692，109。

33. 非战斗人员、那不勒斯人贝尼涅·塞扎尔请求获释的陈情书

圣伊波利特(Saint-Hippolyte),共和三年热月 12 日

作为非战斗人员被关押于加尔省(Gard)圣伊波利特镇的贝尼涅·塞扎尔(Benigne Cezard)上尉致信救国委员会:

公民们:

距离我上次向你们写信已经过去一个月。在上一封信中,我请求你们能够向我提供更多的生活费。我本以为我很快就能得到你们的回复,然而直到现在我仍然没有收到任何消息。

现在,我再次向你们致信,请求法兰西共和国能够公正地处理我的请求,而不是对我的情况置之不理。长期以来,我按照法国颁布的法律和签署的条约行事。我驾驶船只从我的祖国那不勒斯出发,同法国以及其他国家的民众进行贸易。1793 年 9 月 7 日,我作为商人乘坐船只航行到艾格莫尔特海岸(Côted'Aigues-Mortes)附近时,被一艘法国三桅帆船拦截。法国海军怀疑我的船上藏有威胁法国国家利益的物品。因此,他们要求我们把船开到塞特港(Sète)接受检查。我们照做了,因为我们认为你们在检查过后会放我们离开。但是,意外发生了。我们的船只被扣留了 8 天,在此期间我的祖国与法国之间爆发了战争。船只因此被海军视作武装商船,我们也成为了战俘。船只被长期扣留,而船上的物品都被法国海军士兵变卖。

自从我作为战俘被关押在法国以来，我没有找到工作。因此，除了每日法国政府给我发放的生活费之外，我无法再接收到其他的生活物资。然而，这笔生活费的数额与飞涨的物价是不相称的。各类生活必需品的价格都极其昂贵，而且价格的增长速度极其迅速。例如，一件在以前只标价 1 苏的商品，今天已经卖到了 20 苏。

更令我们感到绝望的是，你们还在削减我们的面包配额。实际上，你们应该做的是提高我们的生活费。然而，两个月前，我们的生活费与面包配额就已经分别减少到每日每人 10 苏和 1 磅。

因此，我曾经向加龙省政府递交申请，请求官员们能够给我增加生活费。他们根据上级的命令，给予我每日 40 苏的生活费，但是不再向我提供面包。

这笔生活费显然不能够维持我的日常生活。除此之外，他们还要求我从事种地以及其他一些令我无法习惯的重体力工作。我的身体状况无法支撑我从事此类劳动。另外，由于长期远离祖国，我感到无依无靠、非常孤独，我特别需要法国人能够给予我仁慈且慷慨的帮助。

我请求你们支付我满足生活需要的生活费，确定这笔费用的数额时应该考虑到当前生活必需品的昂贵价格；另外，我在被俘时是非战斗人员，因为，当时我没有随身携带武器。因此，我希望你们为我提供更好的待遇。

公民们，代表们，请你们考虑我的请求，或者释放我回国。如果你们同意释放我，我还要请求你们提供给我一本护照和一件武器。护照是为了能让我一路畅通无阻地回到家乡，武器则能在路途中带给我一定程度的安全感。

公民们，代表们，请你们相信，我所有的愿望都是为了法兰西共和国的繁荣、稳固和幸福。

请屈尊接受我对你们的尊重。

贝尼涅·塞扎尔

史料来源：Archives nationales，AF/II/229，1975，56。

34. 关于拒绝释放英国战俘以交换法国公民杰奎宁的报告

巴黎，共和三年热月 28 日

物资供给委员会（Commission des Approvisionnements）致救国委员会：

公民们，代表们：

公民杰奎宁（Jacquenin），30 岁，居住在塞纳河畔诺让（Nogent-sur-Seine），在北方军担任负责分配肉制品的军需官，在共和二年雾月 9 日（1793 年 10 月 30 日）于马尔谢讷（Marchiennes）的战斗中被英军俘虏。

他作为战俘被英国人押往英国，目前被关押在位于阿尔勒福堡（Bourg d'Arlesfort）的战俘营里。

尽管北方军与英国军队签订了交换战俘的协议，但是鉴于这名士兵是在北方军中负责分配肉制品的军需官，他不应当被认定为战俘，因此他不应该被包含在战俘交换名单里。

根据军事法和战争规则，战俘是持有武器进行战斗的士兵。那些被军队雇用从事非军事用途工作，如仅负责食品供应的士兵，以及尽管持有武器但是负责部队治安的士兵，不应该被视作战俘，因为他们没有亲自参加战斗。因此，应该让英国政府尽快把这名士兵送回法国。

这位公民年轻、聪明、充满活力、富有理性，他热情、正直、廉洁地在岗位上开展工作。他被囚禁在英国的战俘营中已经超过 20 个月。在此期间，他失去了母亲和一个兄弟。因此，我们希望博爱且公正的救国委员会尽快敦促英国政府释放他回国。

史料来源：Archives nationales，AF/II/229，1978，10。

35. 关于释放皮埃蒙特战俘约瑟夫·蒂索的报告

巴黎，共和三年花月 26 日

第九委员会致信救国委员会：

约瑟夫·蒂索（Joseph Tissoz），出生于勃朗峰省帕西市（Passy），于 1788 年 3 月 3 日加入撒丁王国军队。1794 年 5 月 15 日，他在塞尼峰（Mont Cenis）战斗中被我军俘虏。这一天，标志着他被我们从专制君主的奴役中解救出来。从此，他可以感受到法国的自由和平等。但是，约瑟夫·蒂索没能获得自由。在被押解到布里乌德（Brioude）之后，他作为战俘被关入战俘营。尽管在某种意义上来看他就是战俘，但是他的祖国现在已经被法军占领，成为法国的勃朗峰省。因此，他不应该在战俘交换过程中被强制送回撒丁王国。尽管在他持有武器对抗法国的时候，他是外国人。但是现在，他已经成为法国人，而战俘交换不适用于法国公民。因此，即使他的许多战友已经获释回国，但是我们不能把他送回仍处于奴隶制下的国家。在他的家乡，仍然居住着他的妻子和孩子。为了满足家庭的需要，为了法国农业的利益，他必须尽到作为一个父亲和一个农民的责任。因此，他应当被释放回家以从事农业耕作。我们请求你们批准这一请求。

史料来源：Archives nationales, AF/II/231, 1994, 3。

36. 第九委员会关于释放战俘的申请

巴黎，共和三年雾月 11 日

第九委员会向救国委员会报告如下：

在梅济耶尔（Mézière）的战俘营中有 8 名战俘，他们原本是法国军队中的逃兵。在他们中间，有 7 人在法国大革命爆发之前逃离军队，1 人在 1790 年 5 月 10 日离开法国军队。他们在共和三年热月至果月间重返法国。这 8 名士兵声称，他们之所以逃离军队，是为了摆脱旧制度军队的残酷军纪，以及军官对他们施加的暴力。另外，他们之所以没有在法国革命政府向世界宣布和平时期回到法国，是因为他们当时身在距离法国边境很远的地方。直到敌军强迫他们加入自己的军队进攻法国时，他们才利用敌军向法国进军的机会回到祖国。他们还补充道，梅济耶尔军事法庭曾经对他们进行审讯,要求他们提供两份材料:一是出生地政府提供的证明,以证明他们是法国人;二是他们自逃亡以来从没有返回过法国的证明。这8名战俘中的大多数人已经拿到第一类证明,但是他们不可能获得第二类证明,因为只有他们服役过的敌国军队才能为他们提供此类证明。因此,第九委员会认为他们各自的出生地政府足以证明他们没有被包含在流亡贵族的名单中。鉴于此,尽管我们不知道他们是否在被俘之前回过法国,但是我们可以赦免他们。这项建议现提交救国委员会批准。

巴黎,共和三年雾月18日

救国委员会同意第九委员会的建议。

卡诺

史料来源:Archives nationales, AF/III/184, 845, 31。

（五）定居法国

37. 皮埃蒙特战俘让-马里奥·布拉西奥请求回都灵处理事务以便定居法国的陈情书

致上卢瓦尔省（Haute-Loire）人民代表查扎尔（Chazal）：

本人——皮埃蒙特战俘让-马里奥·布拉西奥（Jean-Mario Bracio）——小名拉霍耶（Lajoye），出生在都灵（Turin），是一名掷弹兵。我很荣幸能够被共和国英勇的士兵俘虏。自从被带到自由的土地上，我就感觉自己深切热爱着这神圣的自由之火。我立即有了一个念头，即如果我能够成功地获得法国人的认可，如果我能够通过自己严格遵守法律的良好表现使法国人忘记我曾经是他们的敌人，我就要在法国定居。然而，如果我仍然是敌国军队中的一员，我就不能实施我的这些想法。现在，我已经被俘将近 18 个月，我为专制君主义务服兵役的期限已到。我请求获得自由，并准许我生活在自由的民众之中，使法国成为我的新祖国。我与周边的所有人都有一种坚固且宝贵的亲密关系。但是，我在都灵还有一定的财产，这些财产无法在我本人不在场的情况下被运送到法国。因此，我请求您批准我返回都灵处理这项事务，以便我能把财产带回法国。

史料来源：Archives nationales，AF/II/229，1975，43。

38. 关于皮埃蒙特战俘让-马里奥·布拉西奥前往都灵处理事务的申请及批复

共和三年热月 4 日

人民代表查扎尔致救国委员会：

让-马里奥·布拉西奥，皮埃蒙特蒙费拉托(Montferrat)军团掷弹兵、战俘。

他表现出想要定居法国的强烈愿望，他愿意遵守共和国的法律。因此，他请求获得两个月的假期前往都灵处理家庭事务并带来他微薄的积蓄。他承诺在两个月的假期结束前回到法国。

人民代表查扎尔请求救国委员会评估这一请求。

查扎尔

共和三年热月 10 日

同意申请。

救国委员会

史料来源：Archives nationales，AF/II/229，1975，42。

39. 关于战俘定居法国的申请

布卡尔(Boucard),共和二年牧月1日

布卡尔和欧比尼(Aubigny)地区玻璃工场检查员、公民达吉耶(Daguille)致救国委员会:

公民们:

有25名战俘在我们地区的玻璃工场中工作超过了8个月。这些战俘表现出想要归化为法国人的强烈意愿,并且向我们多次提出与法国女子结婚和定居法国生活的申请。长期以来我都对他们的请求予以拒绝,因为我担心他们的目的是以此为托词获得自由。与此同时,我也剥夺了许多法国女子勇敢地追求幸福的权利。现在,法国与普鲁士已经签订了停战协议,战俘已经获准被释放回国。而那些希望定居法国的战俘在行为表现上已经同法国公民没有任何区别,我认为这是因为我们的幸福感和价值观感染了他们。我还认为,我们应该给予他们感受幸福的资格。我请求你们能够采取措施协助他们,因此我恳切地向你们提出以下申请:

一、请批准与法国女子结婚的战俘永久地定居法国。

二、请制定与采取必要的程序和措施,以使战俘和法国女子的结合不会遇到任何阻碍。

三、请明确他们现在是否可以前往所在地政府签署放弃回国和定居法国的声明。

布卡尔和欧比尼地区玻璃工场检查员、公民达吉耶

史料来源:Archives nationales, AF/II/230, 1988, 33。

40. 关于授权战俘定居法国的法令

巴黎，共和三年获月22日

救国委员会颁布命令：

鉴于布卡尔和欧比尼地区玻璃工场检查员、公民达吉耶向我们呈交了关于战俘定居法国的申请，他还说这些战俘打算与法国女子结婚。

特批准所有有此意愿的战俘皆可被释放。

救国委员会

史料来源：Archives nationales, AF/II/230, 1988, 30。

41. 关于苏格兰战俘布朗申请定居法国的报告

巴黎，共和九年雨月9日

巴黎警察局致内政部：

詹姆斯·布朗(James Brown)，20岁，出生于格拉斯哥(Glasgow)，苏格兰战俘。由于他表现出想要定居法国的愿望，因此他未被列入我军与英军在8个月前于莱桑代利进行战俘交换的名单。目前，他的名字已经不在战俘营的战俘登记册上，与此相对应的是，他现在在位于瓦兹河畔博蒙(Beaumont-sur-Oise)的一家平纹织物作坊中工作。这家作坊的所有者是吉布森(Gibson)和李斯特(List)。这两人目前已经在巴黎居住了将近6个月，这是因为他们打算把作坊转设在巴黎。布朗不能向我们提供由所在地政府出具的证明其遵守法律的文件，但是他向我们提供了由他的雇主出具的证明。吉布森和李斯特表现出对布朗的工作能力的依赖，还在文件中证明布朗拥有良好的品行，认为他遵守法律、道德诚实。

这一切似乎表明，如果我们批准布朗关于定居巴黎并在新作坊中工作的请求，不会给公共安全和社会安宁带来不利影响。

巴黎警察局

史料来源：Archives nationales，F/7/10767A。

42. 关于奥地利战俘安多列斯基申请护照的报告

巴黎，共和十四年霜月20日

巴黎第二区警察局致内政部：

有一位名叫雅克·安多列斯基(Jacques Andoleski)的战俘，他出生于奥地利卡尼奥尔省(Carniole)莱茵芬镇(Rheinfens)，在7年前被法军俘虏。在被带到法国之后，他一直居住在汝拉省(Jura)孔列日市(Conliège)。现在，该战俘的出生地已被法军占领，成为法国的一部分。他因此请求获得一本护照以前往出生地处理事务，待事务处理妥当之后，他将返回现在的住处。

市政府官员证明该战俘遵守法律规定，拥有良好的品行。因此，该市政府提供的证明可以作为我们批准其护照申请的依据。

我们建议你们批准该申请。

巴黎，共和十四年霜月 22 日

同意申请。

内政部

史料来源：Archives nationales，F/7/3564，4862。

参考文献

一、中文文献

[法]伏尔泰:《法国高等法院史》,吴模信译,商务印书馆 2017 年版。

[法]孟德斯鸠:《罗马盛衰原因论》,许明龙译,商务印书馆 2016 年版。

[法]马克·布洛赫:《法国农村史》,余中先、张朋浩、车耳译,商务印书馆 2009 年版。

[法]帕特里克·布琼主编:《法兰西世界史》,张新木主译,徐文婷、唐璐华、金正麒、陈佩华译,上海教育出版社 2018 年版。

[法]阿莱特·法尔热:《法国大革命前夕的舆论与谣言》,陈旻乐译,文汇出版社 2018 年版。

[法]热拉尔·诺瓦里埃尔:《国家、民族与移民——迈向权力史》,陈玉瑶译,中国社会科学出版社 2017 年版。

[法]夏尔·卢梭:《武装冲突法》(国际法译丛),张凝、辜勤华、

陈洪武、童新潮译，中国对外翻译出版公司 1987 年版。

[美]谭旋：《路易十六逃亡记》，赵雯婧译，北京师范大学出版社 2019 年版。

[美]卡罗尔·布拉姆：《卢梭与美德共和国》，启蒙编译所译，商务印书馆 2015 年版。

[美]J. W. 汤普森：《历史著作史》，孙秉莹、谢德风译，商务印书馆 2013 年版。

[美]海登·怀特：《话语的转义：文化批评文集》，董立河译，大象出版社 2011 年版。

[美]帕特里克·曼宁：《世界历史上的移民》，李腾译，商务印书馆 2015 年版。

[英]霍布斯：《利维坦》，黎思复、黎庭弼译，商务印书馆 2009 年版。

[英]托马斯·潘恩：《人的权利》，乐国斌译，译文出版社 2018 年版。

[英]乔治·鲁德：《法国大革命中的群众》，何新译，北京师范大学出版社 2016 年版。

[英]哈里·西德博特姆：《古代战争与西方战争文化》，晏绍祥译，外语教育与研究出版社 2013 年版。

[英]露丝·斯科尔：《罗伯斯庇尔与法国大革命》，张雅楠译，商务印书馆 2015 年版。

[荷]格劳秀斯：《战争与和平法》第 1 卷，弗朗西斯·W. 凯尔西等英译，马呈元译，中国政法大学出版社 2015 年版。

[荷]格劳秀斯：《战争与和平法》第 2 卷，弗朗西斯·W. 凯尔西等英译，马呈元、谭睿译，中国政法大学出版社 2016 年版。

[荷]格劳秀斯:《战争与和平法》第3卷,弗朗西斯·W.凯尔西等英译,马呈元、谭睿译,中国政法大学出版社2017年版。

[日]入江昭:《全球史与跨国史:过去,现在和未来》,邢承吉、滕凯炜译,浙江大学出版社2018年版。

[以]马丁·范克勒维尔德:《战争的文化》,李阳译,生活·读书·新知三联书店2016年版。

二、外文文献

(一)史料

Bibliothèque nationale de France.

Archives départementales.

Archives nationales.

Service Historique de la Marine.

Archivo Diocesano de Santander.

Archivo General de Marina.

Archivo General de Simancas.

Archivo Municipal de Escalante.

Archivo del Museo Naval.

Archivo Histórico Nacional.

Archivo Histórico Municipal de Santander.

Sous la direction de M. J. Mavidal, M. E. Laurent, Louis Claveau, Constant Pionnier, L. Lataste, Gaston Barbier et autres, *Archives parlementaires de 1780 à 1860*, première série, Vol. 1-102, Paris: Paul Dupont, Centre national de la recherche scientifique, Institut d'histoire de la Révolution française, 1863-2012.

(二)著作

Philip S. Foner, *The life and major writings of Thomas Paine: with a biographical essay, and notes and introductions presenting the historical background of Paine's writings*, New York: The Citadel Presse.

François Furet, Mona Ozouf, *A Critical Dictionary of the French Revolution*, translated by Arthur Goldhammer, Cambridge, Massachusetts: Belknap Press of Harvard University Press, 1989.

Keith Michael Baker, *Inventing the French Revolution: Essays on French Political Culture in the Eignteenth Century*, Cambridge: Cambridge University Press, 1990.

Michael Rapport, *Nationality and Citizenship in Revolutionnary France: The Treatment of Foreigners (1789-1799)*, Oxford: Clarendon Press, 2003.

Jean-René Aymes, *La déportation sous le premier Empire: les Espagnols en France (1808-1814)*, préface de Jean Tulard, Paris: Publications de la Sorbonne, 1983.

Yannick Bosc, *La terreur des droits de l'homme: Le*

républicanisme de Thomas Paine et le moment thermidorien, Paris:Éditions Kimé, 2016.

Sylvie Aprile, *Le siècle des exilés: Bannis et proscrits de 1789 à la Commune*, CNRS Éditions, Paris: Presses de la Nouvelle Imprimerie Laballery, 2010.

Jean-Jacques Fiechter, *Un diplomate américain sous la Terreur: les années européennes de Gouverneur Morris (1789-1798)*, Paris: Fayard, 1983.

Avant-propos par Nicolas Taffin, *Révolution Paine: Thomas Paine penseur et défenseur des droits humains*, *Deux textes de Thomas Paine: Droits de l'homme & Drtois de l'homme, seconde partie, avec une introduction de Peter Linebaugh et un dossier*, Caen: Coédition C & F Éditions-ÉMÉM des textes, 2018.

Patrick Weil, *La France et ses étrangers: L'aventure d'une politique de l'immigration de 1938 à nos jours*, Éditions Calmann-Lévy, Paris: Gallimard, 1991.

Patrick Weil, *Qu'est-ce qu'un Français: Histoire de la nationalité française depuis la Révolution*, Édition revue et augmentée, Paris: Gallimard, 2004.

Patrick Weil, *Liberté, égalité, discriminations: L'identité nationale au regard de l'histoire*, Éditions Grasset & Fasquelle, Paris: Folio histoire, 2008.

Patrick Weil,*Rapports au Premier ministre sur les législations de la nationalité et de l'immigration et de l'immigration*, Paris: La documentation française, 1997.

Claire Zalc, *Melting shops: une histoire des commerçants étrangers en France*, Paris: Perrin, 2010.

Émile Temime, *France, Terre d'immigration*, Paris: Découvertes Gallimard Histoire, 1999.

Anne Schneider, *La littérature de jeunesse migrante: récits d'immigration de l'Algérie à la France*, Paris: L'Harmattan, 2013.

André Corvisier, *Armées et Sociétés en Europe de1494 à1789*, Paris: PUF l'historien, Press Universitaire de France, 1976.

Jean-Charles Jauffret, *Soldats en Algérie 1954-1962: Expériences contrastées des hommes du contingent*, Paris: Éditions Autrement, 2000.

Sous la direction de Pierre Renouvin, *La Révolution française et l'empire napoléonien*, Paris: Hachette, 1954.

Michel Blard, Pascal Dupuy, *La Révolution française: Dynamiques, influences, débats (1787-1804)*, Paris: Armand Colin, 2005.

Hervé Leuwers, *La Révolution française et l'Empire: Une France révolutionnée (1787-1815)*, Paris: Presses Universitaires de France, 2011.

Roger Chartier, *Les origines culturelles de la Révolution française*, Paris: Éditions du Seuil, 1990.

Jean-Clément Martin, *Nouvelle histoire de la Révolution*

française, Publié avec le concours du Centre national du livre, Paris: Perrin, 2012.

Alexis de Tocqueville, *L'ancien régime et la Révolution*, édité par J. P. Mayer, Édition revue et corrigée, Saint-Amand-Montrond: Gallimard, Impression Bussière *à* Saint-Amand (Cher), 1991.

Laurent Brassart, *Gouverner le local en révolution: État, pouvoirs et mouvements collectifs dans l'Aisne (1790-1795)*, Paris: Société des études robespierristes, 2013.

Louis Trenard, *La Révolution Française dans la région Rhône-Alpes*, Paris: Librairie Académique Perrin, 1992.

Jean Nicolas, *La Révolution française dans les Alpes Dauphine et Savoie*, Paris: Bibliothèque historique Privat, 1989.

Michel Vovelle,*Les sans-culottes marseillais: Le mouvement sectionnaire du jacobinisme au fédéralisme (1791-1793)*, Aix-en-Provence: Publications de l'Université de Provence, 2009.

Lucien Bély, *Les relations internationales en Europe (XVII-XVIII siècles)*, Paris: Presses Universitaires de France, 1992.

Cambry, Jacques, *Voyage dans le Finistère, ou État de ce département en 1794 et 1795*, Paris: Imprimerie-Librairie du Cercle-Social, 1798.

Michel Biard, Philippe Bourdin, Silvia Marzagalli, *Révolution, Consulat, Empire (1789-1815)*, Ouvrage dirigé par Joël Cornette, Paris: Éditions Belin, 2009.

Volume dirigé par Joël Cornette, *La monarchie entre*

renaissance et révolution (*1515-1792*), sous la direction de Serge Berstein, Philippe Contamine et Michel Winock, Paris: Éditions du Seuil, 2000.

Jean Delmas, Anne Blanchard, Gilbert Bodinier, Jean Chagniot, Philippe Masson, Jean Meyer, *Histoire Militaire de la France, 2: de 1715 à 1871*, sous la direction d'André Corvisier, Paris: Presses Universitaires de France, 1992.

Traduction autorisée de l'anglais par E. Pariset, *Journal de Gouverneur Morris: Ministre plénipotentiaire des Etats-Unis en France de 1792 à 1794*, Paris: Librairie Plon, Plon-Nourrit et C[le], Imprimeurs-Éditeur, 1901.

Manuel-Reyes García Hurtado, *Soldados sin historia: Los prisioneros de guerra en España y Francia a finales del Antiguo Régimen*, Gijón: Ediciones Trea, 2011.

Transcripción y edición anotada por María Zozaya Montes, *Viaje y prisión del ingeniero militar, José María Román durante la querra de la independencia* (*1808-1814*), Madrid: Sociedad Estatal de Conmemoraciones Culturales, 2008.

(三)论文集

Les populations vulnérables (*III*), *Annales de Démographie Historique*, publié avec le concours du Centre National de la Récherche Scientifique, Paris: Édition Belin, 2006.

Les enfants abandonnés: Institutions et parcours individuels, *Annales de Démographie Historique*, publié avec le concours du Centre National de la Récherche Scientifique, Paris: Édition Belin, 2008.

Reproduction differentielle et dynamiques sociales, *Annales de Démographie Historique*, publié avec le concours du Centre National de la Récherche Scientifique, Paris: Édition Belin, 2008.

Dans et hors de la famille, *Annales de Démographie Historique*, publié avec le concours du Centre National de la Récherche Scientifique, Paris: Édition Belin, 2010.

Revista Universitaria de Historia Militar, Vol. 9, No. 18, 2020, Editado por Centro de Estudios de la Guerra.